ASIA
POWER
QUALITY
INITIATIVE

"十二五"国家重点图书出版规划项目

U0655702

现代电能质量技术丛书

电气化铁路供电系统及其电能质量控制技术

亚洲电能质量联盟中国合作组　组编
李群湛　解绍锋　张丽　张丽艳　编著

中国电力出版社
CHINA ELECTRIC POWER PRESS

内 容 提 要

以谐波、负序为主的电气化铁路电能质量问题一直是被关注的重点。本书在介绍电气化铁路牵引供电系统的基础上，对电气化铁路电能质量进行了分析并对其控制技术进行了介绍，最后提出电气化铁路新型供电技术。

本书适合从事电气化铁路和电能质量工作的研究人员和工程技术人员阅读，也可为其他对该领域感兴趣的读者提供参考。

图书在版编目（CIP）数据

电气化铁路供电系统及其电能质量控制技术 / 李群湛等编著；亚洲电能质量联盟中国合作组组编. —北京：中国电力出版社，2015.12
（现代电能质量技术丛书）
ISBN 978-7-5123-8540-5

Ⅰ. ①电… Ⅱ. ①李… ②亚… Ⅲ. ①电气化铁道–供电系统–电能–质量控制–研究 Ⅳ. ①U223.6

中国版本图书馆 CIP 数据核字（2015）第 263581 号

中国电力出版社出版、发行

（北京市东城区北京站西街 19 号　100005　http://www.cepp.sgcc.com.cn）
航远印刷有限公司印刷
各地新华书店经售

*

2015 年 12 月第一版　　2015 年 12 月北京第一次印刷
710 毫米×980 毫米　16 开本　12.5 印张　161 千字
印数 0001—3000 册　定价 **50.00** 元

丛书前言

电能质量问题近年来受到更多的关注。究其缘由，想来有三：第一，大量的非线性和冲击性负荷的广泛应用，对供电系统电能质量造成了严重的污染，恶化了电气设备的电磁环境；第二，以微电子控制技术为核心的高度自动化和智能化设备极其敏感，抗扰度能力不足，对电能质量的要求越来越高；第三，伴随行业的发展，相关组织和单位举办了各类交流会议以及展览，吸引大量媒体关注报道电能质量。在这样的大背景下，电能质量问题从冷门慢慢热了起来。

行业的健康发展，离不开理论的指导和技术经验的交流分享。但是，国内关于电能质量的书籍不是很多，系列丛书更是没有。基于这样的现状，亚洲电能质量联盟中国合作组（简称合作组）发起编写"现代电能质量技术丛书"，这个倡议当时获得了业内很多专家学者的支持。大家共同推选了林海雪教授担当丛书的牵头人，中国电力出版社也欣然应允出版这套丛书，并作为重点图书报送国家新闻出版总署（现为国家新闻出版广电总局），获批列入"'十二五'国家重点图书出版规划项目"。原计划两年内完成的这套丛书，因多位作者身体抱恙，直至今天才最终陆续付梓，真是好事多磨。

姗姗来迟的这套丛书，从不同的维度介绍了电能质量，以及相应的测量与控制技术。以基本理论与方法为主的,有《电力系统中电磁现象和电能质量标准》和《电能质量数学分析方法》;以介绍现代测量与实用控制为主的,有《现代电能质量测量技术》和《电能质量实用控制技术》;还有以热点或新问题为主的,有《电气化铁路供电系统及其电能质量控制技术》、《分布式电源接入电网的电能质量》、《电网中电压暂降和短时间中断》、《电力系统直流干扰》及《交流配电系统的接地方式及过电压保护》。

这套丛书整体适合从事电能质量工作的工程师和管理人员作为理论和实践的指引,也适宜对于电能质量问题感兴趣的相关人士阅读,从不同的侧面了解电能质量问题及其影响。希望我们编著的这套丛书可以更好地促进电能质量知识及技能的传播,使读者有所收获,这也是合作组与作者最希望达到的效果。另外,丛书也将成为由合作组作为主办方之一,并由国家人力资源和社会保障部教育培训中心考核认证的"高级电能质量工程师"培训的指定参考书。

最后特别感谢美国国际铜专业协会对于亚洲电能质量联盟中国合作组编著丛书的大力支持,感谢牵头人林海雪教授多年来的辛勤工作,感谢所有丛书作者的认真与执著,感谢编辑们的耐心与信任,感谢丛书审稿专家们提出的建设性的意见和建议。亚洲电能质量联盟将继续努力耕耘,为读者带来更多的接地气的电能质量专著。

亚洲电能质量联盟秘书长　黄炜

"十一五"是我国高速铁路飞速发展的五年。截至 2013 年底，中国铁路运营总里程突破 10 万 km，电气化铁路营业里程达 55 811km，其中 2013 年新开通电气化铁路 4810km，高速电气化铁路营业里程达 11 028km，其中 2013 年新开 1672km，成为世界上高速铁路投产运营里程最长的国家。目前，我国铁路电气化率达 59%，承担了全部运量的 76%。根据国务院批准的《中长期铁路网规划》（2004 年批准，2008 年调整），至 2020 年，我国铁路营运总里程将达到 12 万 km，电气化率 60%，其中高速铁路将达到 1.6 万 km。

众所周知，电气化铁路的单相牵引负荷相对于三相电力系统是一种不对称的非线性负荷，具有较强的波动性和随机性，对电力系统产生谐波、负序等不良影响。同时，牵引负荷属于一级负荷，要求较高的供电可靠性，因此是电力系统中比较特殊的用户。

现行普速铁路仍然使用的交—直型电力机车采用半控桥式整流装置，通过控制晶闸管的导通角来实现机车出力的调节，使得交—直型机车的功率因数较低，在 0.8 左右，电流波形和谐波含量随机车运行工况而调整的相控角的变化而改变，但主要是 3、5、7 等奇次谐波。现在大力发展的货运大功率电力机车和高速动车组采用交—直—交型主电路，功率因数大大提高，可接近 1，谐波含量也大大减小，但由于单车功率更大，使牵引变电所负荷的单相不对称性增加，负序问题更为突出。

以谐波、负序为主的电气化铁路电能质量问题一直是被关注的重点。一方面，电气化铁路需要电力系统提供高质量、高可靠性的供电电源；另一方面，电气化铁路产生的电能质量问题又有新的变化。根据实测数据分析，电气化铁路对电力系统的电压波动与闪变以及频率的影响较小，因此在本书不作为详细内容介绍。本书是在参考《牵引供电系统分析》、《电气化铁路电能质量分析与控制》等著作的基础上，紧密结合电气化铁路电能质量实际以及相应电能质量指标控制技术现状与研究进展而撰写的，共分5章：第1章介绍我国电气化铁路的发展历程、现状及展望。第2章介绍电气化铁路牵引供电系统的构成与基本原理，讨论其内部供电方式和外部供电方式及其特点，重点讨论牵引变电所核心设备——牵引变压器的接线形式及电气量关系。第3章讨论电力系统作为电气化铁路电源以及电气化铁路作为电力系统的负荷，两者相互之间的约束——电能质量的要求，并结合电气化铁路实际情况，给出国家标准规定的相关电能质量指标的测量实例并加以分析，同时考虑到电力系统及其用户的随机性和不确定性，结合现场实测与国家标准，进一步讨论电能质量指标的预测评估方法。第4章阐述电气化铁路试验和应用的一些电能质量控制技术，并给出了工程实例。第5章讨论电气化铁路牵引供电新技术——同相供电和双边供电。

张丽艳重点负责第3章第1～4节和第6节，张丽重点负责第4章，解绍锋重点负责第3章第5节、第4章第6节的电压波动补偿装置部分，赵元哲负责第4章第6节的高通滤波器部分，贺建闽、郭锴、易东、马庆安、郭蕾、李亚楠也参与了本书的部分资料提供和整理工作。纳入本书的一些研究成果得到了中国铁路总公司（原铁道部）、国家科技部、国家电网公司、南方电网公司等有关部门和单位的大力支持，同时得到了有关铁路设计院、铁路局等的大力支持，在此深表谢意。对引用的参考文献的作者和单位表示感谢。

因水平所限，书中难免存在不足之处，望同仁和读者不吝赐教，以便修订提高。

李群湛

2015 年 1 月于成都九里堤

目　录

1 绪 论

1.1 发展电气化铁路的意义

电气化铁路（electric railway）是采用电力牵引的铁路。在电气化铁路上，由牵引供电系统向电力机车、动车组等电气列车供电。

电气化铁路发展很快，已成为当今最现代化的铁路，其主要特点是：

（1）电力机车效率高。采用火力发电的效率是蒸汽机车的 4 倍；采用水力发电，效率为蒸汽机车的 10 倍。

（2）单机功率大。电力机车本身不带原动机和燃料，单位质量功率大，与内燃机车和内燃动车相比，在相同或相近的持续牵引力（以单轴计）下持续速度高一倍以上，牵引相同质量的列车可以实现更高的额定最高速度（或称最高运营速度），而且恒功速度范围宽，特别适合于干线铁路和繁忙干线铁路。

（3）加速快、爬坡能力强。启动、制动的加、减速性能优越，特别适用于高速、重载以及山区铁路。

此外，电力机车不污染环境，司机工作条件好，旅客在旅途中也可免受蒸汽机车和内燃机车的煤烟和废气困扰。

电力机车这种多拉快跑的牵引特性，能更充分地满足铁路运输对提高行车速度、增加列车质量和加大行车密度的综合要求，从而更加有利于大幅度提高旅客运输的旅行速度和高附加值商品运输的送达速度；组织煤炭、建材、粮食等大宗货物高效、快捷地重载直达运输；发挥速度优势，不断推出运输新产品，拓广铁路运输的营销范围，增强其在运输市场上的竞争实力。特别轨道交通与高速公路、航空运输协调发展的"运输走廊"，吸引大中城市间和市郊运输的大量客流转乘高速和快速电气列车，可以明显改善人们的旅行条件、缓解交通堵塞、减少大气污染、节省石油及土地等有限资源。这些超越企业效益的重大国民经济效益和社会效益在唤醒政府和社会对铁路公益性的再认识，为铁路发展获取资金和支持方面，起了重要的作用。

1.2　国外电气化铁路发展概况

1825 年，世界上第一条铁路在英国建成。1842 年，苏格兰人 R. 戴维森造出了世界上第一台标准轨距电力机车。1879 年 5 月 31 日，德国柏林世界贸易博览会展出了德国人 W. V. 西门子设计制造的能乘 18 人的敞开式"客车"的电力机车，这是电力机车的首次成功试验。1881 年，法国巴黎展出了第一条由架空导线供电的电车线路，为提高供电电压、采用大功率牵引电动机创造了条件。1895 年，美国在巴尔的摩—俄亥俄州 5.6km 长的隧道区段修建了直流电气化铁路。1903 年，德国的三相交流电力机车创造了 210km/h 的世界纪录。

最初，电气化铁路都修建在城市近郊线路和一些工矿线路上。后来，随着工业的发展，才逐渐发展到城市之间和运输繁忙的干线铁路上来。20 世纪六七十年代是世界电气化铁路发展最快的时期，平均每年修建达 5000 多千米。在此期间，工业发达的西欧、日本、苏联以及东欧等国家，运输繁忙的主要铁路干线都实现了电气化，而且基本上已经成网。1964 年 10 月，日本建成世界上第一条高速电气化铁路——东海道新干线，以 210km/h 的运行速度令世人瞩目。

20 世纪 80 年代以后，世界上又出现了一个电气化铁路建设高潮。一些发展中国家，如中国、印度、土耳其、巴西等国的电气化铁路建设也开始加快。例如：印度 1990～1991 年两年就建成电气化铁路 1557km，平均每年建成近 800km；从 1981～2000 年，我国在 20 年内建成电气化铁路约 13 000km。我国的电气化铁路在建设里程和建设速度上都已经跃居世界前列。在此期间，继日本高速电气化铁路时速提高到 270～300km 之后，德国和法国相继建成时速达 250～350km（ICE 和 TGV）的高速电气化铁路，工业发达国家正在集中力量兴建时速 200km 以上的高速电气化铁路。

目前，已建成高速电气化铁路的国家有中国、日本、法国、德国、意大利、西班牙、比利时、韩国、荷兰、瑞典、英国、俄罗斯，正在积极建设或规划建设的还有美国、瑞士、奥地利、丹麦、加拿大、澳大利亚、印度等国；欧洲已经突破了国界，向路网化、国际化发展。

1.3　我国电气化铁路发展历程及现状

1958 年，我国第一条电气化铁路宝（鸡）成（都）线的宝鸡—凤州段（长 93km）开工，并于 1961 年 8 月 15 日投运。经过 50 多年的建设，我国电气化铁路取得了举世瞩目的成就。截至 2013 年底，中国铁路运营总里程突破 10 万 km，电气化营业里程达 55 811km。其中，2013 年新开通电气化铁路 4810km，我国铁路电化率达 59%，承担了全部客货运量的 76%。

特别值得提出的是，以 2008 年时速达 350km 的京津城际高速铁路建成通车为标志，揭开了我国进入高速铁路（含客运专线）时代的序幕。2013 年，随着宁杭、杭甬、津秦、厦深、西宝等一批新建高速铁路投入运营，我国高速铁路总营业里程达到 11 028km。目前中国已成为世界高速铁路系统技术最全面、集成能力最强、运营速度最高、运营里程最长，在建规模最大的国家。

根据国务院批准的《中长期铁路网规划》（2004 年批准，2008 年调整），至 2020 年，我国铁路营运总里程将达到 12 万 km，电气化率 60%，其中高速铁路将达到 1.6 万 km。

1.4　我国电气化铁路发展规划

2004 年 1 月 7 日，国务院常务会议原则通过了《中长期铁路网规划》。2008 年 10 月 31 日，经国家批准，《中长期铁路网规划》（2008 年调整）正式颁布实施。《中长期铁路网规划》规定，到 2020 年，全国铁路营业里程达到 12 万 km，主要繁忙干线实现客货分线，复线率和电气化率分别达到 50% 和 60% 以上，运输能力满足国民经济和社会发展需要，主要技术装备达到或接近国际先进水平，具体目标如下：

（1）发展客运专线。为满足快速增长的旅客运输需求，建立省会城市及大中城市间的快速客运通道，规划"四纵四横"等客运专线以及经济发达和人口稠密地区城际客运系统。建设客运专线 1.6 万 km 以上。

（2）以扩大西部路网规模为主，形成西部铁路网骨架，完善中东部铁路网结构，提高对地区经济发展的适应能力。规划建设新线约 4.1 万 km。

（3）加强既有路网技术改造和枢纽建设，提高路网既有通道能力。规划既有线增建二线 1.9 万 km，既有线电气化 2.5 万 km。

根据《中长期铁路网规划》，到 2020 年，中国几条主要繁忙长大干线：京哈线、京广线、京沪线、陆桥线、沪汉蓉线和沪昆线都将全线实现电气化；几个主要省会城市之间及环渤海地区、长江三角洲地区和珠江三角洲地区都将建成快速客运专线，其总里程将超过 1.6 万 km。中国西南、西北、华北、东北、中南和华东的电气化铁路将基本连接成网。一个运输能力大，行车速度快，燃料消耗低，运输成本低，技术装备先进，旅行环境好，不污染环境，分布比较合理的全国电气化铁路网将基本形成。到 2020 年，中国几条主要长大干线的旅客列车运行速度将普遍达到 160km/h，部分区段将达到 200km/h，新建的快速客运专线和城际客运线路将达到 200km/h 及以上，几条主要繁忙干线的货物列车载重量将普遍达到 5000t 以上，而大秦和朔黄两条运煤专线的重载单元列车载重量将突破 1.5 万 t，达到 2 万 t。旅客运输将全面实现"快速、准时、舒适"，主要城市间铁路旅行将实现 500km 范围内"朝发夕归"，1200～1500km 范围内"夕发朝至"，2000～2500km 范围内"一日到达"的目标，货物运输将实现"大宗货物直达化，高值货物快速化"的目标。到 2020 年，中国电气化铁路在牵引供电设备的自动化水平，设备的国产化率，设备的运营可靠性及高速技术的应用等方面将呈现一个全新的局面，达到一个更高的水平。中国电力牵引动力设备的研发和生产，也将有重大的发展，跻身于世界先进国家行列。与此同时，在铁路电气化工程设计手段和标准化程度、电气化工程施工装备和施工质量标准、电气化铁路的运营管理现代化及电气化专用器材的生产等方面，也将达到或接近世界先进水平。到 2020 年，中国电气化铁路的各项运营技术指标，如电力机车完成的工作量—日车公里和日产量、燃料消耗的降低和能源利用率的提高、能源使用结构的合理化、运输成本的降低和运输质量的提高以及环境的保护等都将达到或接近世界先进水平。还有，中国电气化铁路的分布不合理状况、铁路电气化的投资回报率偏低、电气化铁路承担的铁路运量不大、牵引供电技术的自主开发力度不足等情况也将得到彻底扭转。

1.5　电气化铁路供电与电能质量问题

电能质量（power quality）即电力系统发电、输电、供电、配电、用电的质量和品质。理想的电能应该是完美对称的正弦波。一些因素会使波形偏离对称正弦，由此便产生了电能质量问题。关于电能质量，一方面要研究存在哪些影响因素会导致电能质量问题，另一方面要研究这些因素会导致哪些方面的问题，最后，还要研究如何消除这些因素，从而最大程度上使电能接近正弦波。电能质量的下降会严重影响人们的正常生产和生活，同时，电能质量关系着电力系统的安全经济运行，是工业产品质量的保障，对节能降耗及人类生活环境等有重要影响。

从严格意义上讲，衡量电能质量的主要指标有电压、频率和波形。从普遍意义上讲是指优质供电，包括电压质量、电流质量、供电质量和用电质量。电能质量问题可以定义为：导致用电设备故障或不能正常工作的电压、电流或频率的偏差，其内容包括频率偏差、电压偏差、电压波动与闪变、三相不平衡、瞬时或暂态过电压、波形畸变（谐波）、电压暂降、电压中断、电压暂升以及供电连续性问题等。

随着社会的发展，电能质量问题越来越突出。一方面，造成电能质量问题的因素不断增长，如以电力电子装置为代表的非线性负荷的使用，各种大型用电设备的启停等；另一方面，各种复杂的、精密的、对电能质量敏感的用电设备不断普及，如高性能家用电器、办公设备、精密实验仪器、连续且精密生产过程的自动控制设备等，人们对电能质量及可靠性的要求不仅越来越高，而且电能质量问题对电力系统和配电系统造成的直接危害和可能对人们生活和生产造成的损失也越来越大，毋庸置疑，电能质量问题直接关系到国民经济的总体效益。

工频交流电气化铁路经济、可靠的优势依赖于给其供电的强大供电网——电力系统。相比三相电力系统而言，工频交流电气化铁路的供电系统是单相接地的一个特殊系统，负序问题突出，同时，目前大量使用的交—直型（AC/DC整流）电力机车无功成分多（功率因数低）、谐波含量大，而新发展起来的交—直—交型（AC/DC/AC）电力机车和动车组却有高次谐波谐振隐患，一直受到电力系统和铁路供电技术人员和学者的广泛关注，并制订和正在制订相关法规、行业标准和国家标准加以约束。

电能质量控制是一个复杂的系统工程,主要涉及电力系统、电工理论、电力电子技术、自动控制理论等学科,还与牵引供电系统三相—两相异相供电的特殊结构有关,从而使得电气化铁路的电能质量控制技术除了常规的牵引变电所无功、谐波与负序综合补偿措施,又出现了着眼于系统结构的新型供电技术。

2 电气化铁路牵引供电系统

2.1 概 述

2.1.1 直流制

早期的电气化铁路采用电压相对较低的直流供电，截至目前，世界上仍有 43%左右电气化铁路采用直流供电。电力牵引最初采用直流制的出发点有以下几方面：

（1）利用直流电向直流电动机供电可以极大地简化机车设备，提高效率。

（2）直流串励电动机机械性能好、调速方便。借助传统的电阻串联分级调节控制牵引电动机端压实现速度调节，还用并联电阻调节励磁实现速度调节。

（3）相对交流供电，直流供电的牵引网电压损失和功率损失要小得多，有利于保持网压稳定，确保列车频繁启动下的电能质量，从而有利于保证列车的运行速度。

现代地铁、轻轨等城市轨道交通依然几乎无一例外地采用直流制，其牵引供电系统通过主变电所将电力系统 110kV 交流电降压到 35kV 或 20kV 后，再经中压网络（电缆）传送到沿线的牵引变电所，经整流变压器降压、分相后，按一定整流接线方式由大功率整流机组把三相交流电整流为 750V 或 1500V 直流电，通过牵引网向电动车组或电动车辆供电，与此同时，主变电所经 35kV 或 20kV 中压网络连接到各个降压变电所，再经变压器降压后，为车站与线路区间各种机电设备、照明负荷和通信信号设备提供低压 380/220V 交流电源，其结构如图 2-1 所示，称为集中式供电方式。在图 2-1 中，区域变电站和域网降压变电站向主变电所提供 110kV 电源，G 表示电力系统的发电系统。城市轨道交通牵引变电所也有直接接入 10kV 地区变电站，进行降压整流后向牵引网供电的，称为分散式供电方式；也有集中式和分散式二者兼用的，称为混合式供电方式。

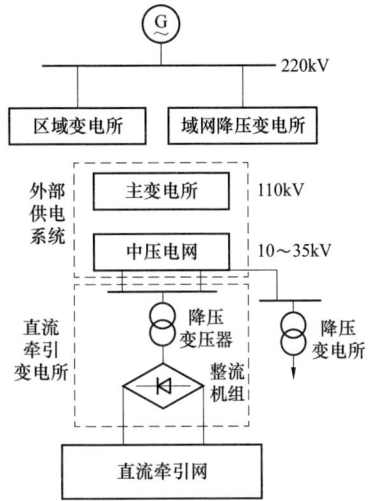

图 2-1　直流制牵引供电系统结构示意

整流机组是直流牵引变电所的重要环节，为降低整流后直流中的脉动分量和整流变压器一次侧的谐波含量，一般采用等效 12 脉波或 24 脉波的整流接线方式。现代整流机组的单机功率可达 3500kW 以上。整流机组中应用的三绕组牵引整流变压器的接线方式一般为 Ydy 和 Ddy 两种。12 脉波整流器由两组并联的三相 6 脉波全波整流器组成，以 Ddy 接线三绕组整流变压器为例，如图 2-2 所示，其阀侧（二次侧电压）星形（y 接线）绕组接至一组三相整流桥 1RCT，三角形（d 接线）绕组接至另一组三相整流桥 2RCT，由于整流变压器阀侧星形和三角形绕组对应的线电压相等，相位差为 $\pi/6$（星形绕组引前 $\pi/6$），两组三相整流桥并联连接构成 12 脉波整流电路。对于常规的三绕组整流变压器，为使上述整流波形平缓，延长整流桥整流管的导电时间，往往在两组整流桥共阴极输出电路中串联接入较大电抗量的平衡电抗器 L_p，图中 R_d、X_d 为负载电阻和电抗。

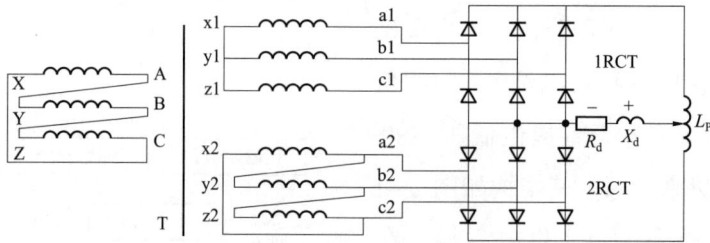

图 2-2　12 脉波整流机组电路图

城市轨道交通有着车站站间距离短（1～3km）、列车启动和制动频繁的特点，要求牵引网供电电压相对维持稳定，因此，一百多年来，世界各国城市轨道交通的地铁与轻轨，大多采用直流牵引制。国外城市轨道交通的直流牵引制供电电压等级有 570、750、1500、3000V 等多种标准，但其发展趋势是向国际电工协会（IEC）制定的国际标准 600、750V 和 1500V 等电压等级靠拢。我国国家标准规定城市轨道交通电力牵引供电电压为 750V 和 1500V 两种等级，其电压允许波动范围分别为500～900V 和 1000～1800V。

直流电力牵引制也存在明显的缺点，具体如下：

（1）杂散电流对沿线地下金属设施的腐蚀比较严重，如走行轨及其附件，钢筋混凝土金属结构物，煤气、石油、自来水埋地管线等。

（2）受直流牵引电动机额定电压的限制，直流制供电电压较低，通常不超过 1500V。

（3）由于供电电压较低，要保证电力机车足够的功率，供电电流就比较大，线路损耗也大，送电距离较短，一般不超过 2～4km，变电所的数目要相应增加；又由于电流较大，需要导线的截面积大，金属消耗增加。

（4）整流装置会产生一定的谐波。

荷兰、日本、澳大利亚、印尼、马来西亚的一些地区以及法国的少数地区使用 1500V 的直流电，其中，荷兰实际使用的电压有 1600～1700V。

比利时、意大利、波兰、捷克北部、斯洛伐克、南斯拉夫、前苏联使用 3000V 直流电，并用于干线铁路。

2.1.2 单相低频交流制

为克服直流制的缺陷，早期欧洲部分国家采用单相低频交流制，频率为 $16\frac{2}{3}$Hz，电压为 11～15kV。单相低频交流制牵引系统的主要优点是电力机车或动车组可采用牵引特性良好的单相整流子牵引电动机驱动，因为在低频（$16\frac{2}{3}$Hz）情况下，这种电动机的换向条件较工频（50～60Hz）时更为有利。

目前，单相低频交流制采用三种供电方式，一是早期建立的完全独立的电力牵引专用低频供电系统，由发电厂发出单相低频电，经高压输电线输送到牵引变电所，在牵引变电所将电压降至 16 500V 或 12 100V，然后再供到牵引网；二是由三相工频交流电力系统获得电能，在专设的变频变电所内将三相电变换为单相电，将工频转换为电气化铁路所需要的低频，然后再从这些变频变电所经高压输电线输送给各牵引变电所；三是由三相工频交流电力系统供电，在各个牵引变电所进行降压、变频。

显然，与直流变电所相比，这样的牵引变电所既变压又变频，设备更为复杂。单相低频交流制牵引变电所构成如图 2-3 所示。因此，单相低频交流制虽然能提高牵引网的电压，增大牵引变电所间的距离，减小接触网的有效截面，但正是由于与工频的差异，牵引变电所必须有与之配套的变频系统，设备复杂，经济性下降，通用性不好，在世界其他地区的推广应用受到极大制约。

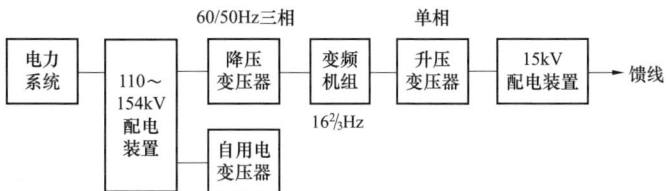

图 2-3 单相低频交流牵引变电所构成

2.1.3 三相交流制

在牵引电流制的发展过程中，有的国家如瑞士、法国等，还采用了3.6kV的三相交流制。电力机车的牵引电动机采用三相异步电动机。这种供电方式的优点在于三相负荷完全平衡，大大减小了电力牵引对电力系统的影响，并减小了对通信的干扰。但因为交流异步电动机调速困难和电力机车三相受电困难，其应用难以推广。

2.1.4 单相工频交流制

单相工频交流制是电气化铁路发展中的一种先进供电制式，最早出现在匈牙利，电压16kV，1950年法国试建了一条25kV的单相工频交流电气化铁路，它引起了世界各国的重视。随后日本、苏联等相继采用该种电流制。

1956年，我国铁道电气化刚起步，采用什么制式关系到长远发展方向，因此受到人们极大的关注。我国铁道电气化事业奠基人——曹建猷院士通过对大量资料的分析研究，并结合我国的特点，认为我国应选择单相工频交流制。在他亲自主持下，又组织专题组，对此课题进行了全面和深入的研究和试验，得出了强有力的论据。1956年11月25日，《人民日报》上发表曹建猷的《我国铁路电气化的途径》文章，针对当时国内外争论不下的"交流制"和"直流制"提出了采用25kV的单相工频交流电压制的建议，并得到了国内同行专家的支持和共识，1957年经国家正式批准，单相工频交流制成为国家标准，使我国电气化铁路从一开始就站到了世界先进水平行列。几十年来，单相工频交流制已发展成为世界电气化铁路的主要供电制式。实践证明，我国电气化铁路采用单相工频交流制这一决策是先进的、经济的、实用的、正确的，已为我国铁路运输创造了巨大的经济效益及社会效益。单相工频交流制的牵引供电系统如图2-4所示。

单相工频交流制的主要优点如下：

（1）牵引供电系统结构简单。牵引变电所从电力系统获得的电能经过电压变换后，经牵引网直接提供 25kV 单相工频交流电给电力机车或动车组，不需要在牵引变电所中设置整流和变频设备，使变电所结构大大简化。

（2）供电能力大，运营费用低。相对于直流制和单相低频交流制而言，牵引供电电压的增高使供电能力大大提高，从而大大增加机车的牵引定数和运行速度，同时使牵引变电所之间的距离延长，导线截面积减小，建设和运营费用显著降低。

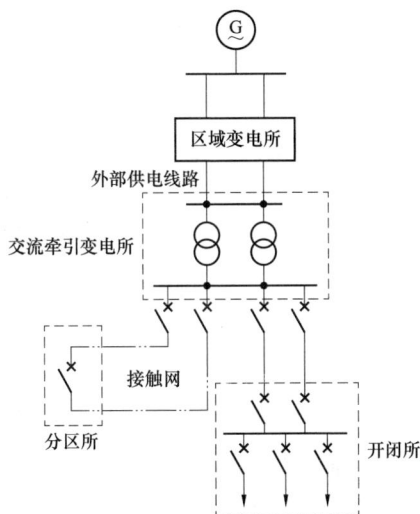

图 2-4 单相工频交流制的牵引
供电系统结构示意

另外，交流制不像直流制那样在地中产生杂散电流并对地下金属管道和建筑造成腐蚀和危害，也无需设专门防护装置。

单相工频交流制也有一些缺点，如单相牵引负荷将会在三相电力系统中形成负序电流，当电力系统容量较小和牵引负荷较大时，负序电流影响愈显突出；交—直型电力机车的牵引负荷是整流型负荷，具有非线性，谐波电流含有率较高，功率因数较低；牵引网中的谐波电流还会在空间产生电磁感应，对沿线通信线路造成电磁干扰，但随着通信光缆化，电磁干扰已不是主要问题。

2.2　牵引供电系统的构成

电气化铁路牵引供电系统由牵引变电所和牵引网组成，从三相电力系统取得电源，如图 2-5 所示。

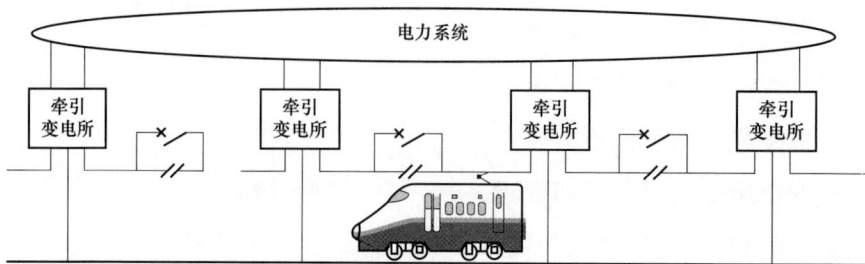

图 2-5　牵引供电系统的构成示意

2.2.1　牵引变电所（SS）

　　牵引变电所是牵引供电系统的心脏，它的主要任务是变压和分相，即将电力系统区域变电站送来的 110kV（220kV）三相工频交流电经牵引变压器变换为 25kV 或 2×25kV 的单相工频交流电后馈给沿线的牵引网，50Hz 的工业频率保持不变。电气化铁路牵引负荷为一级负荷，为保证万无一失，牵引供电系统都采用两路独立电源的互为备用模式，两路电源进线一般分别来自不同的区域变电站（确有困难也可来自同一区域变电站不同回路的两段母线），牵引变电所内的核心设备牵引变压器（或称主变压器）也采用 100%冗余设计，一般设置 2 台，其中 1 台运行，另一台备用。两套牵引变压器通过切换装置可以互为备用并随时处于"战备"状态，以备不时之需，当其中一套发生故障或检修时，另一套则自动投入运行。与地方变电站相比，牵引变电所绝大多数情况下用于提供牵引用电，作为区别，称其为牵引变电所。

　　我国铁路标准与 IEC 60850《牵引系统供电电压》均规定：系统标称电压为 25kV，最高工作电压为 27.5kV，短时（≤5min）最大允许电压为 29kV

　　牵引变压器的容量根据牵引负荷的大小确定，最小的有 16MVA（山区），大的有 63、75MVA（高速），一般为 25、31.5、40MVA。牵引变压器接线类型有单相接线、三相—二相平衡接线（Scott、阻抗匹配平衡接线等）、三相接线（YNd11、十字交叉接线）。目前在实际运用中，在电源条件许可时，首推单相接线变压器及其组合 Vv 接线和 Vx 接线变压器。

牵引变电所是沿电气化铁路线路设置的，其沿线分布的距离主要与牵引负荷有关，牵引负荷则与线路远期运量、牵引网供电方式、机车功率与速度、机车最低受电电压、行车密度、向邻线支线的供电方便以及局界省界等制约因素有关。对于带回流线的直供（TRNF）方式，普通速度铁路的牵引变电所间距可达 50～60km，高速铁路可达 30～40km；对于自耦变压器（AT）供电方式，普速铁路的牵引变电所间距可达 80～100km，高速铁路可达 50～60km。高速铁路变电所间距有所减少是由于高速铁路牵引负荷加大所造成的。

通常将变电所设备分为一次设备和二次设备，一次设备是指接触高电压的电气设备，如牵引变压器、高压断路器、高压隔离开关、电压互感器和电流互感器、输电线路、母线、避雷器等，它们主要完成电能变换、输送、分配等功能。二次设备则主要是控制、监视、保护设备，也称为综合自动化系统。

2.2.2 牵引网

牵引网是特殊的输电线路，为运动中的电力机车提供电源并为电流提供通路，包括接触网、钢轨（包括大地）、馈线和回流线。它是牵引供电系统中向电力机车/动车组供电的直接环节，如图 2-6 所示。

馈线是连接牵引变电所牵引变压器二次侧母线和接触网的导线，回流线是指牵引变电所处的横向导线，它将轨或与轨平行的其他导线与牵引变压器指定端子相连。馈线与回流线构成牵引端口。

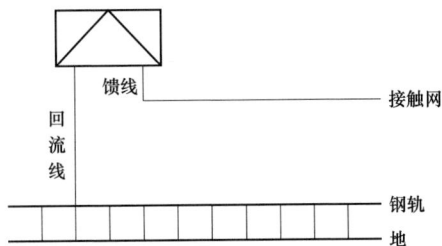

图 2-6 牵引网结构示意

接触网是一种悬挂在轨道上方、沿轨道敷设、与铁路轨顶保持一定距离的特殊输电线。电气列车通过受电弓（受流器）和接触网的滑动接触取得牵引电能，驱动牵引电动机带动列车运行。接触网在露天设置，不但受到各种气象条件的影响，而且还受到电气列车运行时带来的作用力，加上接触网又无法设置备用，所以接触网的工作环境条件非常恶劣。为了保证电气化铁路可靠安全运营，接触网必须经久耐用，这就决定了接触网要有特殊的结构。接触网的功能，不但要把电能输送给边行走边受流的电气列车使用，还要保证电气列车在走行时，其受电弓与接触线在滑动摩擦接触过程中有良好的受流条件，特别是在环境条件变化时，如线路基础引起的震动、轨道的不平顺、车体上下弹性跳动、受电弓弓臂和接触滑板在受压状态下机车快速运行时产生的垂直加速度，以及接触网导线不平整等，都不应出现受电弓与接触线分离现象（通常称离线），否则将会导致受流情况恶化，严重时会产生电弧，烧伤接触线和受电弓滑板，甚至引起事故，后果不堪设想。

安全可靠的供电对接触网的结构提出了特殊的要求。以带回流线直接供电方式的链型悬挂接触网为例说明其结构，如图 2-7 所示。

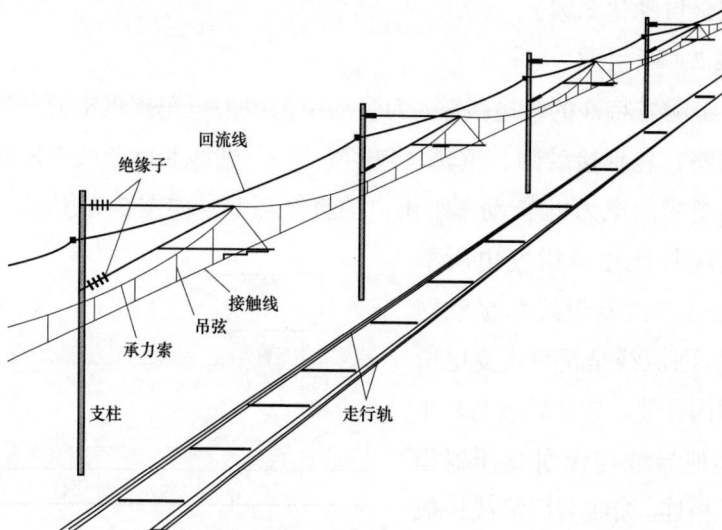

图 2-7　接触网结构

接触网主要由以下几个部分构成：

（1）接触悬挂部分。包括承力索、接触线、吊弦、中心锚结、锚段关节、补偿装置等。其中接触线是与受电弓直接接触并滑动摩擦而使受电弓受流的导线。随着电气化铁路特别是高速电气化铁路的发展，对接触网结构和受流质量提出了更加严格的要求。接触网的悬挂方式也衍生出简单接触悬挂、简单链形悬挂、弹性链形悬挂、复链形悬挂等多种形式。

（2）支持装置。用以悬吊和支撑接触悬挂并将其各种受力载荷传递给支柱或桥隧等大型建筑物，还应通过定位构件将承力索和接触线固定在一定范围内，使受电弓在滑行时与接触线有良好的接触。根据接触网所在位置及工作环境的不同，支持装置的结构又可分为腕臂支持装置、软横跨、硬横跨、桥梁支持装置及隧道支持装置等。

（3）支柱与基础。用以安装支持装置、悬吊接触悬挂并承受其载荷。另有因供电系统需要的供电线、加强线以及因供电方式不同而设置的回流线、负馈线、保护线等附加导线均安装在支柱的不同高度位置上。另外，为了供电安全与维护检修作业的需要而设置的保护设备、电气设备等也安装在支柱上。

（4）轨道。即走行轨，既支持列车运行，又是导线。在机车取电时，轨道除具有导轨功能外，还需要完成导通回流的任务，通常轨道和大地是非绝缘的，二者一起接受机车的牵引电流，即回流，因此，电力牵引的轨道还需要具有畅通的导电性能。

2.2.3 供电分区

正常供电时，由牵引变电所馈线到接触网末端的供电线路组成，也称为供电臂。为从整体上降低电气化铁路单相负荷对电力系统负序的影响，沿线牵引变电所的供电臂循环换相接入电力系统的不同相别，称为换相。纯单相接线牵引变电所两供电臂的电压是同相的，但两相邻牵引变电所的相邻两供电臂的电压则是不同相的；Vv 接线牵引变电所和 YNd11 接线牵引变电所在牵引侧实施两相供电，其两供电臂的电压是不同相的，而相邻两牵引变电所的两相邻供电臂的电压则是同相的。

2.2.4 分相绝缘装置

分相绝缘装置又称电分相（中性段）或分相，串接在接触网中，目的是将不同的供电分区分开并使机车光滑过渡，避免不同相别电压的相邻两供电分区相互连通而形成短路。电分相串接在分区所和变电所出口处的接触网中。

2.2.5 分段绝缘装置

分段绝缘装置又称电分段或分段，分为纵向电分段和横向电分段，前者用在线路接触网上，后者用于站场各条接触网之间。通过其上的隔离开关将有关接触网进行电气连通或断开，以保证供电的可靠性、灵活性和缩小停电范围以及便于检修等。

2.2.6 分区所（SP）

交流电气化铁路为了增加供电的灵活性，提高运行的可靠性，在两个牵引变电所的供电分区中间常加设分区所，如图 2-8 所示。图中 SS1、SS2、SS3 是三个相邻的牵引变电所，SP1、SP2 分别为单线和复线区段分区所。

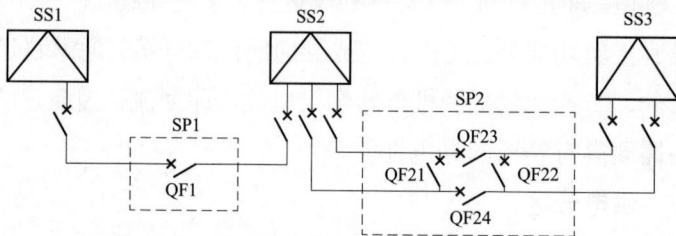

图 2-8　分区所示意

分区所的主要作用有：

（1）明确各牵引变电所的供电范围，并在供电分界处的接触网上设置分相绝缘装置，防止电力机车从一个供电分区进入另一个供电分区时其受电弓短时连通不同供电分区接触网造成相间短路事故。

（2）实现牵引网不同运行方式的切换、倒闸。在单线区段，牵引网可实现单边供电、双边供电、越区供电等方式；在复线区段则有单边分开供电，复线上、下行在分区所一点并联供电，复线扭结供电，以及越区供电等方式。

1）单边供电。

单边供电是指牵引网的供电臂由一个牵引变电所供电。如图 2-8 所示，在单线铁路区段的分区所 SP1 中，与分相绝缘装置并联的断路器 QF1（或隔离开关 QS）打开，此时各牵引变电所相互独立，机车只从相关的单个牵引变电所取电。

复线区段的单边供电可有多种方式，如图 2-8 所示。上、下行独立供电，分区所 SP2 中的 QF21、QF22、QF23、QF24 均打开，供电臂可采用两相不同的电压，也可采用同相电压（通常如此），其缺点是牵引网电压损失、电能损失较大，电压波动也大，运行过程中，上、下行接触网之间易出现较大的电压差。我国广泛采用复线上、下行末端并联供电这一方式，即在分区所将上、下行并联断路器 QF21、QF22 闭合，实现牵引网供电臂末端并联供电，而分区所 SP2 中的 QF23、QF24 打开。牵引网供电臂末端并联供电可以降低牵引网电压损失和电能损失。全并联供电是在末端并联的基础上，在上、下行供电臂中间设置若干并联线，牵引网电压损失和电能损失可以进一步减小，但任一处故障都会导致上、下行供电臂停电，故障范围反而会扩大。为缩小故障范围，则须采取个别的分段及保护措施，但这又会增加牵引网及保护、控制设备的复杂程度。

2）双边供电。

双边供电是指牵引网的供电臂由相邻的两个牵引变电所供电。单线区段的双边供电如图 2-8 所示，将分区所 SP1 中与分相绝缘装置并联的断路器 QF1 或隔离开关闭合，机车不像单边供电那样仅从相关的单个牵引变电所取电，而是从相邻的两个变电所（SS1 和 SS2）同时取电。复线区段的扭结双边供电是将如图 2-8 所示分区所 SP2 中的 QF21、QF22、QF23、QF24 均闭合。

双边供电的优点是机车的电流来自两个不同的供电点，减轻了牵引网输送电能的负担，牵引网电压损失和电能损失都能减少，网压水平也相应改善。双边供电还能减轻对沿线通信线路或设备的电磁感应干扰。

实现双边供电起码应满足两个条件：① 两相邻牵引变电所需由同一电力系统供电，以确保有相同的频率。② 两相邻牵引变电所的牵引端口应同相，否则将造成异相短路。另外，双边供电时两边牵引端口电压大小和相位的差异会在牵引网中造成均衡电流。无论有无牵引负荷，两边牵引端口的电压都是波动的，均衡电流将在牵引网中来回流动，造成额外功率损失，但份额很小。双边供电使牵引网的复杂程度增加，相应的也对继电保护提出了许多特殊要求。苏联一直采用双边供电方式，我国和大多数国家都采用单边供电方式。

3）越区供电。

越区供电是指当某一牵引变电所因故障不能正常供电而退出运行时，故障变电所担负的供电臂经开关设备转由相邻牵引变电所进行临时供电，是一种非正常供电方式。如图 2-8 所示，牵引变电所 SS1 因故障而退出时，其右侧供电臂通过闭合分区所 SP1 中的断路器 QF1 转由牵引变电所 SS2 进行越区供电，或者牵引变电所 SS2 因故障退出时，其左侧供电臂通过闭合分区所 SP1 中的断路器 QF1 转由牵引变电所 SS1 进行越区供电，其右侧供电臂通过闭合分区所 SP2 中的断路器 QF23、QF24 转由牵引变电所 SS3 进行越区供电。

因越区供电增大了牵引变电所主变压器的负担，对电气设备安全和供电质量影响较大，因此，只能在较短时间内实行越区供电，是避免中断运输的临时性措施。显然，当不需要越区供电时，可以大大简化分区所设备，甚至取消分区所。

2.2.7 开闭所（SSP）

开闭所也称开关站，如图 2-9 所示，一般多用于离牵引变电所较远的铁路枢纽地区，由于站线多，接触网相应复杂，客货运交会、编组和机车整备作业繁忙，为保证枢纽供电可靠性，缩小事故范围，将接触网分组、分区供电，由开闭所的多路馈线向接触网各分组和分区供电，保证枢纽站场装卸作业和接触网分组检修的灵活性和可靠性。

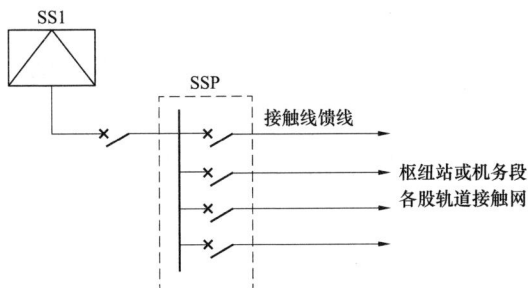

图 2-9　开闭所接线图

另一种情况是在自耦变压器（AT）供电方式的复线牵引网供电臂中间设置开闭所。由于 AT 供电方式供电电压增高（2×27.5kV），供电臂距离增长，可达 40～50km，为提高接触网供电和停电检修的灵活性，缩小事故停电范围，在牵引变电所与分区所之间设置开闭所。

2.2.8　自耦变压器（AT）所

单相工频交流电气化铁路采用自耦变压器（AT）供电方式时，在沿线需每隔 10～15km 设置一台自耦变压器。自耦变压器间距大致接近铁路区间的长度，为方便起见，应尽量把自耦变压器设于沿铁路的各站场上，而在供电臂末端，AT 所应与分区所、开闭所合并，以利于运行管理。单线电气化铁路 AT 所电气接线图如图 2-10 所示，其中 T 为接触网，F 为负馈线，N 表示中性线，接于轨和地。

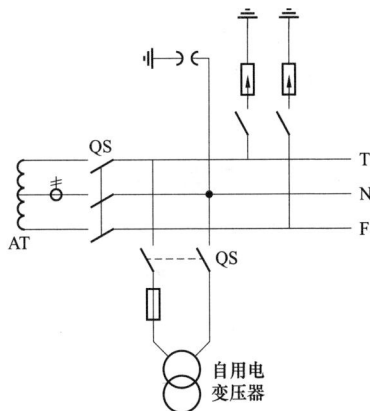

图 2-10　AT 所接线图

F—负馈线；T—接触网；N—中性线

2.3　电力系统对电气化铁路的供电方式

相对电气化铁路牵引变电所而言，通常把为其供电的电力系统称为外部电源或一次系统。

牵引供电系统的主要功能是将电力系统的三相工频交流电源 AC 110kV 或 AC 220kV 引入牵引变电所，通过牵引变压器变压为适合电力机车运行的电压制式 AC 25kV 或 AC 2×25kV，向 25kV 的单相工频交流负荷——电气列车提供连续电能。

我国电气化铁路都是由国家电力部门的发电厂通过电力系统供给，国外有些国家也有铁路自营的发电厂及电力系统，如德国（162/3Hz，15kV）。发电厂根据其取用的动力又分为水力、火力、核能、风力、地热、太阳能、潮汐等。目前我国火力发电装机容量的比重占到 75.6%，年总发电量占 82.6%。

2001 年底，我国发电装机容量达到 3.34 亿 kW，年发电量达到 14 650 亿 kWh。2004 年发电装机容量达到 4 亿 kW，原计划 2010 年全国发电装机总容量将达到 5 亿 kW 的目标，已在 2005 年提前实现，发电装机实际容量达到 5.084 1 亿 kW，发电总量达到 24 747 亿 kWh。预计 2020 年发电装机容量将达到 10 亿 kW。与此同时，电力系统加强电网建设和改造，在已组建的国家电网、南方电网两大集团公司的基础上，积极推进全国联网，实现更大范围的资源优化配置，全国互联电力系统格局将初步形成，这一切都为铁道电气化的快速发展提供有利的外部环境条件。

如图 2–11 所示，区域变电所通过 110kV 或 220kV 电压等级传输线路向牵引变电所提供三相工频交流电。

电气化铁路牵引负荷为一级负荷，为了保证供电的可靠性，电力系统的区域变电所为牵引变电所提供独立的两回路电源进线，这两回路电源进线应来自不同的区域变电所或不同的发电厂，两回路互为备用，平

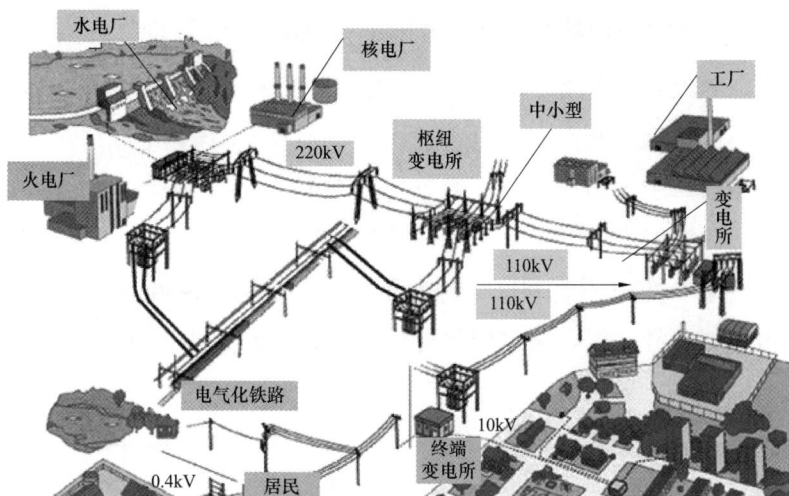

图 2-11　电力系统与牵引供电系统供电的结构示意

时均处于带电状态，一旦一条回路发生故障，另一条回路自动投入，从而保证不间断供电。

　　无论是牵引供电系统本身，还是电力系统的配套电源，都应满足高峰负荷及铁路中长期规划发展的条件。因此，外部电源供电方案以及牵引变电所布点、接触网支柱等都要按基础设施考虑，即按远期线路能力一次规划建设到位。电力部门规划牵引变电所外部电源供电方案时，应兼顾该地区电力系统供配电网本身发展和地区负荷供电的需要。

　　电力系统向交流牵引变电所供电的方式称为外部供电方式，可分为单电源双回输电线路供电方式、放射供电方式、双电源环形供电方式和多电源混合供电方式等几种。

2.3.1　单电源双回输电线路供电方式

　　电力系统的单个地区变电所或发电厂以专用双回输电线路 SL1 和 SL2 向牵引变电所 SS1 和 SS2 供电，如图 2-12 所示，牵引变电所进线通常采用简单的双 T 接线，可以节省高压断路器和相应控制保护设施而降低造价。但这种供电方式任一 T 形接线引入线段故障都要造成输电线路 SL1 或 SL2 跳闸，当电源线路故障或检修时，将对牵引变电所供电

造成影响，故其总体的可靠性和供电灵活性较差。我国铁路沿线的
110kV 电源较多，为经济起见，当采用 110kV 双回输电线路供电时，为
保证供电的可靠性和牵引变电所进线的电压水平，该输电线路距离不宜
太长，所供牵引变电所数目一般不超过 3 个。

2.3.2 放射供电

当各牵引变电所离外部电源差不多等距并且比单电源双回输电线
路供电方式更经济时，可采用放射供电方式，如图 2-13 所示。

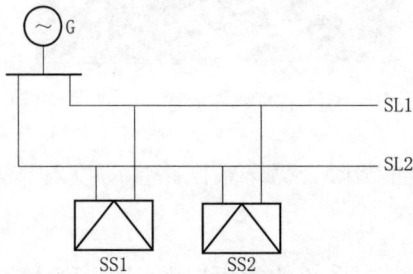

图 2-12 单电源双回输电线路供电方式　　　图 2-13 放射供电方式

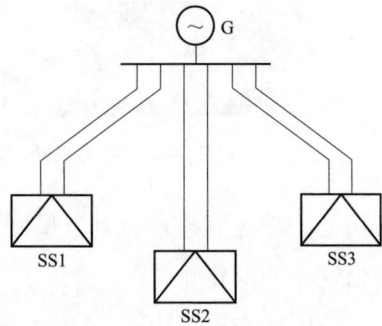

2.3.3 双电源环形供电方式

牵引变电所电源进线来自两个不同电源点（地区变电所），且若干
变电所的一次侧进（出）线与电力系统连成环形网，并在环网中同时有
功率传输，构成双电源环形供电方式。

双电源环形供电方式可以是单回路环网，如图 2-14 所示。为提高
可靠性，牵引变电所接入数目在 2 个及以上时应采用桥型主结线。该方
式一般用于电力系统的非主要功率传输线上。

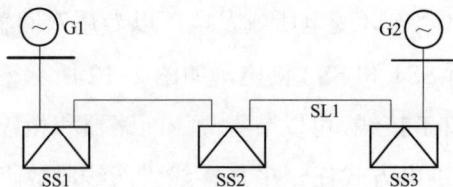

图 2-14 双电源单回路环形供电方式

双电源环形供电方式也可以用双回路环网实现，如图 2-15 所示，其牵引变电所进线来自两个不同电源点，线路 SL1 为电气化铁路专用线，线路 SL2 为电力系统的主要功率传输线，可作为牵引变电所的后备电源线。

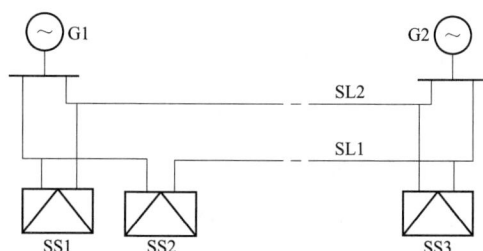

图 2-15　双电源双回路环形供电方式

双回路环网的可靠性和灵活性优于单回路环网，但线路投资也随之增加。

2.3.4　多电源混合供电方式

在经济发达的城市密集地区或大城市附近地带的电气化铁路，电力系统电源点较多，可以结合电力系统和牵引变电所配置的具体情况，可以采用灵活多样的供电方式，形成一种混合供电方式，其目标仍是保证牵引变电所供电的可靠性和灵活性，同时在技术经济上的合理性。多电源混合供电方式的典型模式如图 2-16 所示。它由多电源环网供电、双回输电线路和放射供电（电源 G3 直接对 SS4 供电）等方式综合构成。

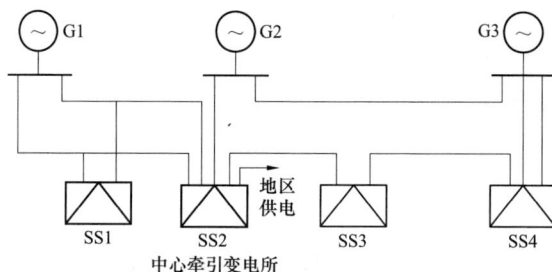

图 2-16　多电源混合供电方式

应当指出，国内现行电力系统运行模式中，有更高一级系统环网时，往往不再使低一级系统环网运行。因此，在目前 220kV 及更高电压系统逐步形成之情况下，当采用 220kV 系统和 110kV 系统给铁路牵引供电时，较少采用环网方式和双侧供电等方式，而多用单侧供电方式或带有备用断路器的双侧供电方式及放射供电方式等，另外，实际电力系统的电源与牵引变电所的布局是各式各样的，对一条电气化铁路来说，电力系统对牵引变电所的供电方式也往往是各式各样的。

2.3.5　电力系统的供电能力

表 2-1 给出了电力系统不同电压等级输电线的输送功率和输送距离。

表 2-1　　　　　　　　输电线电压等级与输送功率、距离的关系

额定电压（kV）	输送功率（MVA）	输送距离（km）
110	10～50	50～150
220	100～150	100～300
500	1000～1500	150～850

从技术上讲，电气化铁路牵引变电所接入电力系统的电压等级有两个方面的影响因素：一是供电的可靠性，电源电压等级越高，其供电可靠性也越高；二是电能质量，牵引供电系统的结构特点和牵引负荷特点将会给电力系统带来电压偏差、电压波动、谐波、三相电压不平衡等电能质量问题，其中比较突出的是电压偏差、谐波与电压不平衡。在我国，普速铁路多从 110kV 电源接入，而因为更高的可靠性、电压水平及牵引功率需求，高速铁路及重载铁路多从 220kV 电源接入。

2.3.6　国外高速铁路电源简介

除德国及周边少数国家外，世界各国电气化铁路几乎都采用接触网额定电压为 25kV 的单相工频交流供电制式。高速铁路供电可靠性要求高，牵引负荷大，对电力系统的不平衡影响也大，国外高速铁路都尽量采用较高电压等级供电。表 2-2 汇总了世界各国主要高速铁路供电电源电压等级，从中可见，大部分高速铁路从 220kV 或以上电压等级的电

力系统供电，个别采用 132kV 或 154kV，但也都要求系统有较大的短路容量，其中，西班牙采用 132kV 和 220kV 两种电压等级，日本采用 154kV、220kV 和 275kV 3 种电压等级，法国采用 225kV 和 400kV 电压等级。

表 2-2　　　　　　世界各国主要高速铁路供电电源电压等级

国名	序号	铁路名称	最高速度（km/h）	供电电压（kV）	备　注
日本	1	东海道新干线	300	275	个别站 154kV
	2	山阳新干线	300	275	个别站 154kV
	3	北陆新干线	300	275	
	4	东北新干线	260	275	个别站 154kV
	5	上越新干线	275	275	
法国	1	巴黎—里昂	300	225	1 个站 400kV
	2	巴黎—图尔	300	225	1 个站 400kV
	3	巴黎—加莱	300	225	1 个站 400kV
	4	里昂—瓦朗斯	300	225	
	5	瓦朗斯—马赛	350	225	
	6	巴黎—斯特拉斯堡	350	225	1 个站 400kV
西班牙	1	马德里—塞维利亚	250	220	3 个站 132kV，短路容量不小于 2000MVA
	2	马德里—巴塞罗那	350	400	3 个站 220kV

通常情况下，电源电压等级越高，系统的短路容量就越大；此外，电压等级越高，配电间隔、断路器和牵引主变压器等设备费较高，使一次投资增加，但上述各项技术指标的改善对整个电力系统和牵引供电系统每年产生的效益将更为可观，应通过全面的技术经济比较进行不同方案的选择。借鉴国外高速铁路发达的国家如法国、日本等国的经验和本章前面的分析，高速和重载电气化铁路牵引变电所的供电电压选择应优先考虑采用 220kV 电压。高速铁路采用高一级的 220kV 供电电压，有利于提高牵引网网压和缓解负序对系统造成的不良影

响。此外，220kV 电压网络属于电力系统地区调度在线监控的输电网络，供电可靠性较高，对牵引供电系统的不间断可靠供电，提供了有力保障。

德国情况比较特殊，其高速铁路的最高速度 330km/h，采用 15kV、$16\frac{2}{3}$ Hz 供电制式，可以实现全铁路的无分相贯通供电，供电电源由铁路自建电厂和公用电力系统 110kV 进线提供，牵引变电所的牵引变压器容量一般为 2×15MVA，进线系统短路容量约为 1000MVA。

2.4　牵 引 变 电 所

牵引变电所将电力系统高电压等级的三相交流电变换成低电压等级的单相交流电，并经牵引网给电力机车供电。我国电力系统对电气化铁路供电的电压等级一般为 110kV 和 220kV，个别地区为 330kV，单相工频电气化铁路牵引母线工作电压为 27.5kV 或 2×27.5kV，牵引网标称电压为 25kV。因此，牵引变电所是三相电力系统到电力机车之间变换的重要环节，实现了三相电力系统与单相牵引系统的接口与系统变换。它主要由牵引变压器和相应的配电装置构成。

牵引变压器因牵引网供电方式和为抑制单相牵引负荷造成的负序（不对称）影响而采用不同的接线方式，因此可将牵引变电所分为以下几种：

（1）单相接线牵引变电所，采用纯单相牵引变压器；

（2）V 接线牵引变电所，采用 Vv 接线牵引变压器，Vx 接线牵引变压器；

（3）三相接线牵引变电所，采用 YNd11 接线牵引变压器；

（4）三相—两相接线牵引变电所，采用三相—两相平衡接线牵引变压器，如 Scott 接线，LeBlanc 接线，变型 Wood–bridge 接线等。

如果从采用三相进线还是采用单相进线来划分，那么可以更简单地把牵引变电所分为单相牵引变电所和三相牵引变电所这样两类，前者就是上述的单相接线牵引变电所，后者包括上述的 V 接线牵引变电所、三相接线牵引变电所和三相一两相接线牵引变电所。

2.4.1 单相接线牵引变电所

在我国电力系统较发达的地区，牵引变压器采用了单相接线型式。应用于带回流线的直接供电方式时，牵引变压器一次侧额定电压为110kV 或 220kV，二次侧额定电压为 27.5kV。其一次绕组跨接于 110kV（或 220kV）的三相高压输电线的两线上，取用线电压。二次绕组则一端连于牵引变电所的牵引母线上，另一端连至钢轨和地，如图 2–17 所示。牵引变电所两供电臂由同一相供电。牵引负载对电力系统而言属于纯单相负载。

图 2–17 单相接线原理

如图 2–17 所示，当牵引变压器进线接入电力系统的 A B 相时，一次侧三相电流与二次侧牵引端口负荷的关系为

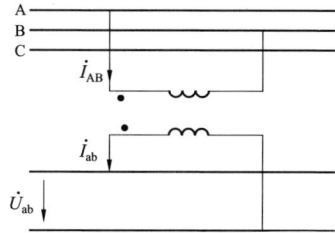

$$\begin{cases} \dot{I}_A = \dfrac{1}{k_T}\dot{I}_{ab} \\[2mm] \dot{I}_B = -\dot{I}_A = -\dfrac{1}{k_T}\dot{I}_{ab} \\[2mm] \dot{I}_C = 0 \end{cases} \tag{2-1}$$

考虑到接入电力系统其他相别的组合方式，可得到以下通式

$$\begin{bmatrix} \dot{I}_A \\ \dot{I}_B \\ \dot{I}_C \end{bmatrix} = \frac{1}{k_T}\begin{bmatrix} 1 & 0 & -1 \\ -1 & 1 & 0 \\ 0 & -1 & 1 \end{bmatrix}\begin{bmatrix} \dot{I}_{ab} \\ \dot{I}_{bc} \\ \dot{I}_{ca} \end{bmatrix} \tag{2-2}$$

式中　k_T——牵引变压器一次侧额定（线）电压与二次侧牵引端口额定电压之比。

当应用于 2×27.5kV 的 AT 供电方式时，将牵引变压器二次绕组中性点抽出形成三绕组接线，二次两绕组输出 2×27.5kV 电压，以省掉设置在牵引变电所内的馈线 AT，称为法国模式。

单相接线牵引变压器的优点是：容量利用率可达 100%，牵引变电所内设备和布置均较简单，运营维修比较方便，造价和运营费用也比较低廉，而其缺点是：对电力系统的负序影响较大；不能直接提供所内三相负荷用电的三相交流电源，需要另设劈相设备，或由电力系统另行引入三相电源。所以这种接线的牵引变电所只适用于电力系统容量较大，所内三相用电能够可靠、妥善解决的场合。

2.4.2 三相接线牵引变电所

三相接线牵引变电所采用 YNd11 标准接线组的双绕组油浸式变压器作为牵引变压器。其接线原理如图 2-18 所示，高压侧为 Y 形接线，进线电压为 110kV，其端子及引出线如图 2-19 所示。中性点装有接地开关，根据电力系统电力调度的要求决定是否接地。另外，在进行牵引变压器的切换时，为防止操作过电压对牵引变压器的危害，在送电和停电操作的瞬间必须合上中性点接地开关。低压侧端子（c）接到接地母线和钢轨，端子（a）与端子（b）分别接到 27.5kV 的牵引侧母线上，并由馈线引向上、下行牵引网。

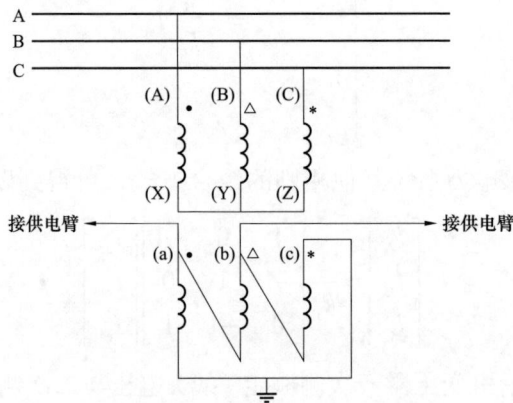

图 2-18 YNd11 牵引变压器原理电路

为分析的直观与方便,常常使用 YNd11 接线牵引变压器展开图。展开图遵循如下原则:

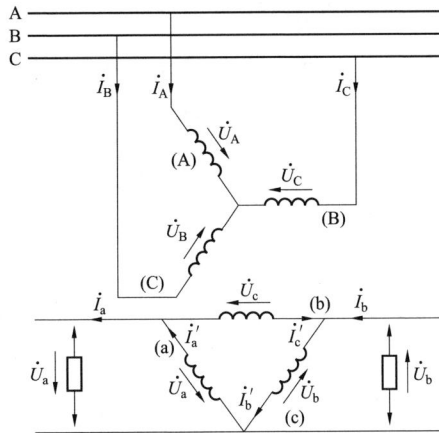

图 2-19 YNd11 牵引变压器的端子及引出线

（1）为施工和运行安全起见，统一规定二次绕组的端子（c）接钢轨和地;

（2）一、二次侧对应绕组在图中相互平行;

（3）一、二次侧每套（相）绕组的同名端放在同一侧。

由此，根据图 2-18 所示接线原理，先画二次侧，后画一次侧，可作出如图 2-20 所示的 YNd11 牵引变压器的展开图，并按上述原则，将一、二次各绕组电压、电流标在图上，大写下标为一次侧电气量，小写为二次侧电气量，带 "'" 者为二次绕组电流。

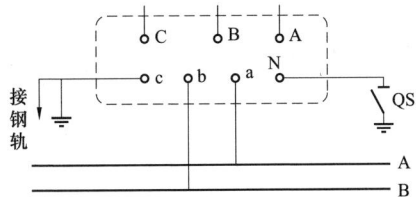

图 2-20 YNd11 牵引变压器的展开图及规格化定向

二次侧三绕组电流与二次侧两牵引端口负荷电流的关系为

$$\begin{bmatrix} \dot{I}'_a \\ \dot{I}'_b \\ \dot{I}'_c \end{bmatrix} = \frac{1}{3} \begin{bmatrix} 2 & -1 \\ -1 & 2 \\ -1 & -1 \end{bmatrix} \begin{bmatrix} \dot{I}_a \\ \dot{I}_b \end{bmatrix} \tag{2-3}$$

由叠加定理可以推广到 a、b、c 三相端口都带负荷的情形，这时，

YNd11 牵引变压器二次侧三相绕组电流 i'_a，i'_b，i'_c 与 a、b、c 三相端口负荷的关系为

$$\begin{bmatrix} i'_a \\ i'_b \\ i'_c \end{bmatrix} = \frac{1}{3} \begin{bmatrix} 2 & -1 & -1 \\ -1 & 2 & -1 \\ -1 & -1 & 2 \end{bmatrix} \begin{bmatrix} i_a \\ i_b \\ i_c \end{bmatrix} \qquad (2-4)$$

根据定向和变比关系，由式（2-4）获得一次侧三相电流

$$\begin{bmatrix} i_A \\ i_B \\ i_C \end{bmatrix} = \frac{\sqrt{3}}{k_T} \begin{bmatrix} i'_a \\ i'_b \\ i'_c \end{bmatrix} = \frac{\sqrt{3}}{3k_T} \begin{bmatrix} 2 & -1 & -1 \\ -1 & 2 & -1 \\ -1 & -1 & 2 \end{bmatrix} \begin{bmatrix} i_a \\ i_b \\ i_c \end{bmatrix} \qquad (2-5)$$

式中　k_T——一次侧额定（线）电压与二次侧额定电压之比。

YNd11 接线变压器在我国采用时间长，多用于普速铁路，有比较丰富的运行经验，一次侧 YN 接线中性点可以引出接地，一次绕组可按相电压绝缘要求，设计制造也相对简单，价格也较便宜，同时，便于提供所内三相用电。而其缺点是牵引变压器容量利用率较低，当重负荷绕组电流达到额定值时，牵引变压器的输出容量只能达到其额定容量的75.6%，引入温度系数也只能达到 84%，并且该接线牵引变电所滞后相电压损失较大，设计时应安排较轻负荷的供电臂在滞后相，另外，与采用单相接线牵引变压器的牵引变电所相比，主接线相对复杂，所需设备和一次性投资也较多，维修、检修工作量及相应的费用也有所增加。

2.4.3　V 接线牵引变电所

V 接线牵引变压器是近十年来我国电气化铁路应用最为广泛的接线型式之一。随着我国电气化铁路牵引供电方式的发展，相继出现了应用于直接供电方式的低压侧馈出电压为 27.5kV 的 Vv 接线变压器，以及应用于 AT 供电方式的低压侧馈出电压为 2×27.5kV 的 Vx 接线变压器。

（1）V 接线牵引变压器。

V 接线牵引变压器有单相 Vv 和三相 Vv 两种。单相 Vv 接线是用两台单相变压器连接成开口三角形，其原理电路如图 2-21 所示。

三相 Vv 接线牵引变电器采用三柱式结构，即在传统的等截面三铁

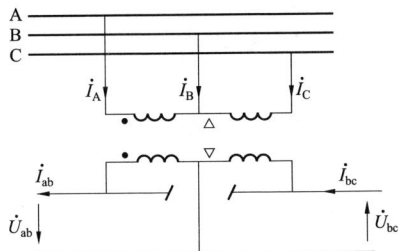

图 2-21　Vv 接线牵引变压器原理

心柱的两个边柱分别独立安放两个单相变压器绕组,将中间铁心柱作为共轭回路,也相当于普通三相三柱式双绕组变压器抽掉中柱绕组而来,如图 2-22 所示,三相 Vv 接线牵引变压器的接线原理和端子连接如图 2-23 所示。三相 Vv 接线牵引变压器在原理和功能上相当于两台单相变压器 Vv 接线的组合,但结构更为紧凑,加之固定备用变压器,使牵引变电所的主接线更为简化,也减少了占地。

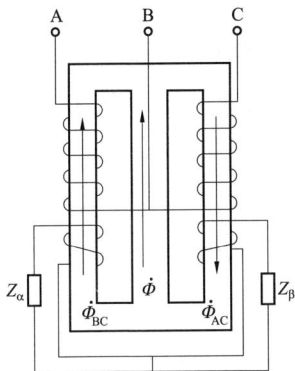

图 2-22　三相 Vv 接线变压器

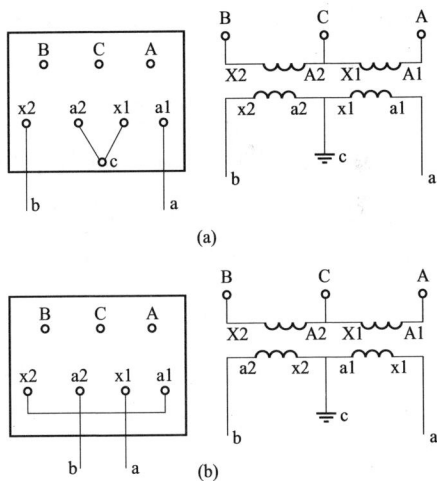

图 2-23　三相 Vv 接线变压器的端子及接线示意

（a）Vv12；（b）Vv6

　　由图 2-21 和图 2-23 可知,单相 Vv 接线变压器和三相 Vv 接线变压器的接线原理完全一致,按照图 2-21 中电流标向,可得一次侧三相电流与二次侧牵引端口负荷电流的关系为

$$\begin{cases} \dot{I}_A = \dfrac{1}{k_T}\dot{I}_{ab} \\[2mm] \dot{I}_B = \dfrac{1}{k_T}(-\dot{I}_{ab} + \dot{I}_{bc}) \\[2mm] \dot{I}_C = -\dfrac{1}{k_T}\dot{I}_{bc} \end{cases} \tag{2-6}$$

考虑到其他相别组合方式，可得到以下通式

$$\begin{bmatrix} \dot{I}_A \\ \dot{I}_B \\ \dot{I}_C \end{bmatrix} = \frac{1}{k_T} \begin{bmatrix} 1 & 0 & -1 \\ -1 & 1 & 0 \\ 0 & -1 & 1 \end{bmatrix} \begin{bmatrix} \dot{I}_{ab} \\ \dot{I}_{bc} \\ \dot{I}_{ca} \end{bmatrix} \tag{2-7}$$

式中 k_T——牵引变压器一次侧额定（线）电压与二次侧牵引端口额定电压之比。

Vv 接线牵引变压器绕组中的电流与纯单相变压器相同，都等于馈线电流，容量利用率可达到 100%；可以供给变电所三相电源。这种接线最早在我国阳（平关）安（康）线得到应用。

（2）Vx 接线牵引变压器。

目前，我国高速铁路牵引网几乎都采用 2×27.5kV AT 供电方式，牵引变电所采用 Vx 接线牵引变压器。Vx 接线牵引变压器属于一次侧一个绕组、二次侧两个绕组的三绕组变压器，亦可视为由 Vv 接线牵引变压器发展而来：或者将 Vv 接线二次侧增加一个绕组并将两个二次绕组同极性串联且从中点抽头，或者将 Vv 接线二次绕组中点抽头，总之，其中一个二次绕组输出到接触网 T 与轨（地）R 端口，称为 T 绕组，另一个二次绕组输出到负馈线 F 与轨（地）R 端口，称为 F 绕组，如图 2-24 所示。图中，设一次绕组匝数为 ω_1，二次 T 绕组和 F 绕组匝

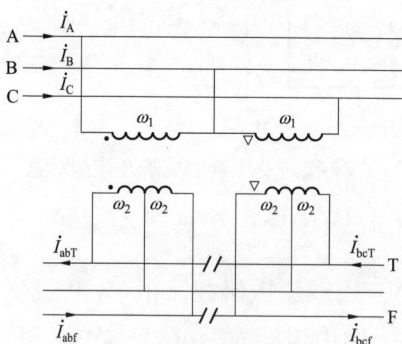

图 2-24 Vx 变压器接线原理

数均为 ω_2。

根据变压器磁势平衡和电流关系，Vx 接线牵引变压器一、二次绕组电流满足

$$\begin{cases} \omega_1 \dot{I}_A = \omega_2 \dot{i}_{abt} + \omega_2 \dot{i}_{abf} \\ \omega_1 \dot{I}_B = \omega_2 \dot{i}_{bct} + \omega_2 \dot{i}_{bcf} \\ \dot{I}_A + \dot{I}_B + \dot{I}_C = 0 \\ k_T = \dfrac{\omega_1}{\omega_2} \end{cases} \quad (2\text{--}8)$$

由此可求解得到

$$\begin{bmatrix} \dot{I}_A \\ \dot{I}_B \\ \dot{I}_C \end{bmatrix} = \frac{1}{k_T} \begin{bmatrix} 1 & 0 \\ -1 & 1 \\ 0 & -1 \end{bmatrix} \begin{bmatrix} \dot{i}_{abt} - \dot{i}_{abf} \\ \dot{i}_{bct} - \dot{i}_{bcf} \end{bmatrix} \quad (2\text{--}9)$$

不失一般性，考虑到其他相别组合方式，可得到以下通式

$$\begin{bmatrix} \dot{I}_A \\ \dot{I}_B \\ \dot{I}_C \end{bmatrix} = \frac{1}{k_T} \begin{bmatrix} 1 & 0 & -1 \\ -1 & 1 & 0 \\ 0 & -1 & 1 \end{bmatrix} \begin{bmatrix} \dot{i}_{abt} - \dot{i}_{abf} \\ \dot{i}_{bct} - \dot{i}_{bcf} \\ \dot{i}_{cat} - \dot{i}_{caf} \end{bmatrix} \quad (2\text{--}10)$$

可见，Vx 接线牵引变电所利用 Vx 接线牵引变压器二次绕组兼做 AT，省掉了牵引变电所的馈线 AT，简化了变电所结构，降低了工程投资，但应该指出，当电气列车在距牵引变电所最近的 AT 段内取流时，牵引供电系统更接近 T 绕组供电的直接供电方式,绕组 F 只起辅助作用。如果 T 绕组和 F 绕组是按等容量设计制造的，则会造成一定的浪费。同时，通常接触网 T 和负馈线 F 是等容量的，运行中会造成接触网 T 过载而负馈线 F 欠载的影响供电容量发挥的问题。

Vx 接线牵引变压器于 2005 年 4 月在准（格尔）东（胜）铁路周家湾至西营子段福兴城牵引变电所率先投入运行，2007 年 3 月，第二个采用 Vx 接线牵引变压器的朔黄铁路龙宫牵引变电所投入了运行，后来我国的高速铁路几乎都采用这种方式。国内 Vx 接线牵引变电所大多设立 4 台牵引变压器，两两组合成 Vx 接线，两台运行，两台备用。

2.4.4　三相—两相接线牵引变电所

牵引负荷具有单相性，对电力系统产生不对称影响，即负序影响，这一点一直是供电部门对电气化铁路所关注的主要问题。电气化铁路牵引负荷流经牵引变压器时不会在电力系统中产生零序分量，因此，从三相系统看，牵引负荷是零序平衡而负序不对称（也称负序不平衡）的，也正因为这个特点，电气化铁路正常运行时不考虑零序，只考虑负序。

三相—两相平衡接线牵引变压器通常是指那种具有变压和换相功能的三相—两相变压器，数学上是三相对称系统与两相对称系统之间的变换，记为 $\{A,B,C\} \Leftrightarrow \{0,\alpha,\beta\}$，目的都是消除或削弱负序。

所有性能理想的三相—两相平衡变压器都应满足以下几个技术条件：

（1）当一次侧施加三相对称电压、二次侧空载时，两相端口电压幅值相等、相位相差 $90°$；

（2）若一次侧中性点抽出，则中性点接地运行时，二次侧两相端口的负荷不应在一次侧引起零序电流；

（3）从二次侧端口向变压器看进，两相等值阻抗相等，并且两相之间是解耦的，即互阻抗为零。

满足了以上3个技术条件的变压器即可称为三相—两相平衡变压器，在其一次侧施加三相对称电压时，只要二次侧两个端口的负荷相同，则二次侧两相端口电压保持幅值相等、相位相差 $90°$，而一次侧三相电流对称，实现了三相到两相的对称变换，从而实现降低或削弱负序的目的。

平衡变压器的原理早在 20 世纪 30 年代就已提出，40 年代初期就制造成功 Scott 接线变压器（Scott Connected Transformers）。通常 Scott 接线变压器由两台单相（独立铁心）变压器来组成其高（T）座和底（M）座。到 20 世纪 50 年代，由 J&P 公司首先研制成功 LeBlanc 接线变压器，其突出优点在于：可以利用标准的三相三柱式变压器通用铁心；可以采用单一油箱来放置变压器铁心；它比同容量的 Scott 变压器体积小，质量轻，造价也低。通常 LeBlanc 变压器的一次绕组是三角形接线的，这种接线对于消除三次谐波电压和负荷不平衡时的零序磁通有着明显的优点。但其与 Scott 变压器一样有一个缺点，那就是不能在一次侧提供接地中性点。为扬长避短，实用中往往将一次绕组制成 Y 型，实现中性点可接地。1972 年，联邦德国研制成功 Kübler 变压器，其一次侧为 Y 型，中性点可接地，二次侧具有闭合三角形绕组。但应注意，其二次侧的三角形绕组与一般电力变压器不同，阻抗必须按照一定的比例进行匹配，否则三角形内将有循环零序电流，当变压器一次侧中性点不接地时，零序电流会造成中性点电位漂移，即产生零序电压，当变压器一次侧中性点接地时，若形成零序通路，则向一次电力系统注入零序电流。1972 年春，日本在山阳新干线上采用了两种平衡变压器，即三相铁心式 Scott 变压器和变形（Modified）Wood Bridge 接线变压器。后者的优点是巧妙利用通用接线技术，主变压器制造容量可以很大，但缺点是必须增加一台变比为 $1:\sqrt{3}$、容量为主变压器一半的升压自耦变压器，故其缺点是设备变得复杂，一次投资较高，材料利用率低，占地面积较大。

　　几种主要的平衡变压器的缩写和接线简图见表 2-3。

表 2-3　　　　　　　　　几种主要平衡接线变压器简况

接线方式	缩写	接线简图
Scott	SCT	
LeBlanc	LBL	
Modified LeBlanc	MLB	
Kübler	KBL	
Wood-Bridge	WBR	
Modified Wood-Bridge	MWB	
Auto Wood-Bridge	AWB	

　　日本新干线大多采用 Scott 接线，而在要求一次侧中性点接地的新

干线上采用 Modified Wood–Bridge 接线；韩国高速铁路采用 Scott 接线；我国台湾省的基隆—高雄电气化铁路采用 Leblanc 接线；京秦线、大秦线、侯月线、郑武线、神朔线 AT 供电系统采用 Scott 接线；成昆线部分区段采用阻抗匹配平衡变压器（Kübler）接线。

下面以 Scott 接线牵引变压器为例说明三相—两相平衡接线变压器的基本原理。

在如图 2–25 所示的 Scott 接线变电所中，设 Scott 接线变压器 M（底）座一次绕组接入电力系统 AB 相（线电压），T（高）座一次绕组一端接底座绕组的中点 D，另一端接入 C 相。一次绕组电压相量与各相电压及线电压相量的关系如图 2–26（a）所示。

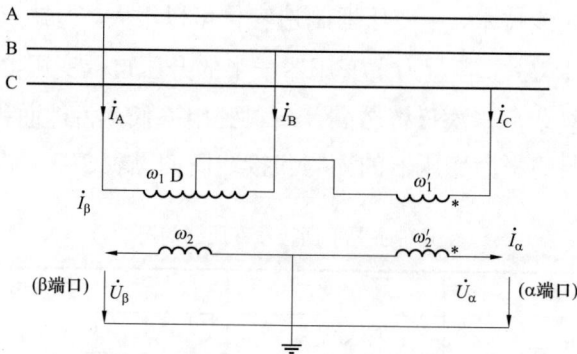

图 2–25　Scott 牵引变压器接线

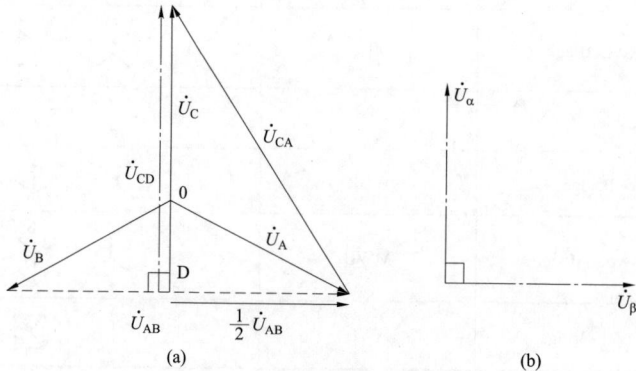

图 2–26　Scott 接线电压相量图
（a）一次侧电压；（b）二次侧电压

以一次侧相电压 $\dot{U}_A$ 为参考，则 M 座电压

$$\dot{U}_{AB} = \sqrt{3}U_A \angle 30° \qquad (2-11)$$

T 座一次侧电压

$$\dot{U}_{CD} = \frac{3}{2}U_A \angle 120° \qquad (2-12)$$

考虑 M 绕组（AB，对应 β 端口）和 T 绕组（CD，对应 α 端口）的对应关系，可作二次侧端口相量图，如图 2-26（b）所示。

从图 2-26 的相量图不难看出，M 座（β 端口）与 T 座（α 端口）电压相量相互垂直。设底座一、二次绕组匝数分别为 ω_1、ω_2，T 座一、二次匝数分别为 ω_1'、ω_2'，又因为二次侧 α、β 端口大小一致，设 $U_\alpha = U_\beta = U$，$\omega_2' = \omega_2$，则由图 2-26（a）电压比例知，$\omega_1' = \frac{\sqrt{3}}{2}\omega_1$，那么，参考式（2-11）、式（2-12）可求出两座绕组的变比。对 M 座，变比

$$k_1 = \frac{\sqrt{3}U_A}{U} = \frac{\omega_1}{\omega_2}$$

对 T 座，变比

$$k_2 = \frac{3U_A / 2}{U} = \frac{\omega_1'}{\omega_2'} = \frac{\sqrt{3}}{2} \cdot \frac{\omega_1}{\omega_2} = \frac{\sqrt{3}}{2}k_1 \qquad (2-13)$$

根据图 2-25，Scott 变压器电压、电流在 {A,B,C} 系统与 {0, α, β} 系统之间相互变换关系如下

$$\left.\begin{array}{l} [\dot{U}_{0\alpha\beta}] = [A_U][\dot{U}_{ABC}] \\ [\dot{U}_{ABC}] = [A_U]^{-1}[\dot{U}_{0\alpha\beta}] \\ [\dot{I}_{0\alpha\beta}] = [A_I][\dot{I}_{ABC}] \\ [\dot{I}_{ABC}] = [A_I]^{-1}[\dot{I}_{0\alpha\beta}] \end{array}\right\} \qquad (2-14)$$

其中

$$[A_U] = \frac{1}{\sqrt{3}k_T}\begin{bmatrix} \sqrt{2} & \sqrt{2} & \sqrt{2} \\ -1 & -1 & 2 \\ \sqrt{3} & -\sqrt{3} & 0 \end{bmatrix}, \quad [A_U]^{-1} = \frac{k_T}{2\sqrt{3}}\begin{bmatrix} \sqrt{2} & -1 & \sqrt{3} \\ \sqrt{2} & -1 & -\sqrt{3} \\ \sqrt{2} & 2 & 0 \end{bmatrix}$$

$$[A_I]^{-1} = \frac{1}{\sqrt{3}k_T}\begin{bmatrix} \sqrt{2} & -1 & \sqrt{3} \\ \sqrt{2} & -1 & -\sqrt{3} \\ \sqrt{2} & 2 & 0 \end{bmatrix}, \quad [A_I] = \frac{k_T}{2\sqrt{3}}\begin{bmatrix} \sqrt{2} & \sqrt{2} & \sqrt{2} \\ -1 & -1 & 2 \\ \sqrt{3} & -\sqrt{3} & 0 \end{bmatrix}$$

Scott 接线牵引变压器的优点是当 M 座和 T 座所馈出的两个供电臂负荷电流大小相等、相位相同时，变压器一次侧三相电流对称，负序电流为 0，虽然实际运行中两个供电臂负荷电流不会一直保持大小相等，但仍能一定程度上减轻牵引负荷对电力系统的负序不平衡影响。同时，用逆 Scott 接线变压器把对称两相电压转换成对称三相电压，则能供应牵引变电所三相自用电和地区三相负荷。

另外，目前正在研制低压侧抽出中性点、额定电压为 220/（2×27.5）kV 的 Scott 接线牵引变压器，其高压侧与传统的 Scott 接线变压器相同，只是低压侧将 T 座和 M 座绕组的中点抽出，可与 Vx 接线牵引变压器一样，用于 2×27.5kV AT 供电方式，当然，由于 2×27.5kV AT 供电系统的固有特性，这种 Scott 接线牵引变压器二次绕组也存在容量匹配与利用的问题。

2.5　牵引网的供电方式

牵引网的供电方式是由牵引网所完成的特殊输电功能的技术要求和经济性能所决定的，按照牵引网设备类型可分为直接供电方式、带回流线的直接供电方式、自耦变压器（Auto-Transformer，AT）供电方式和同轴电缆（Coaxial Cable，CC）供电方式等。

2.5.1　直接供电方式

这是一种最简单的供电方式，如图 2-27 所示，直接由接触线 C 和钢轨 T 大地构成回路，即电气列车经接触网从牵引变电所取流，再经钢轨和大地流回牵引变电所。钢轨和大地流回牵引变电所的电流分别成为轨回流和地回流，合称回流。回流流经钢轨和与之并联的大地，在不同的地点产生不同的电位，形成传导影响，其中最关注的是轨道电位，同时，接触网是架空输电线路，电流通过接触网会在空间产生交变磁场，对轨道和邻近的金属物产生电磁感应影响（电磁干扰）。为了人身安全，电磁感应和轨道电位是受国家标准制约的，设计时不得高于限制值。直接供电方式的牵引网结构最简单，投资最小，供电距离一般为 30～40km，主要适用于通信线路（主要是明线）较少，或易于迁改至较远处的场合，或通信线路光缆化区段，在法国、英国、苏联都有广泛应用，我国用得也很广泛。随着通信线路光缆化的普及，影响直接供电方式的主要是其轨道电位问题。

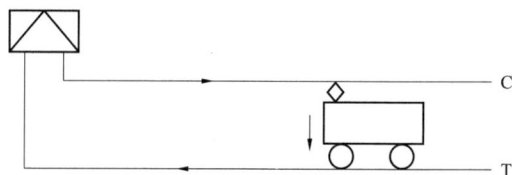

图 2-27　直接供电方式

2.5.2　带回流线的直接供电方式

带回流线的直接供电方式是在接触网支柱上架设一条与接触网平行、与钢轨并联的回流线 NF，其并联点一般相距 5～6km，其工作原理如图 2-28 所示。利用接触网与回流线两组架空线路之间的互感作用，使钢轨中的回流部分由回流线流回牵引变电所，回流线的电流与接触网的电流方向相反，部分抵消接触网电流所产生的磁场，减少电磁感应影响，相对于直接供电方式而言，加回流线可使对通信线和其他金属物的电磁干扰降低 30% 左右。同时，钢轨电流部分从回流线回流，使钢轨电位大为降低。再者，带回流线的直接供电方式中，由于回流线与钢轨并联而使牵引网阻抗比直接供电方式有所降低，使供电臂可延长约 30%。研究和实践表明，这是一种有前途的供电方式，接触网的供电容量不足时，尚可并联加强线。目前我国京广线、石太线均采用此种供电方式。

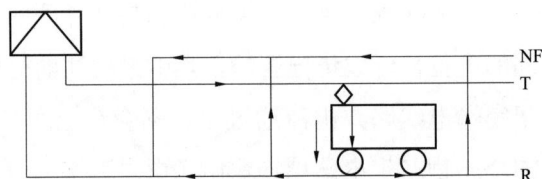

图 2-28　带回流线的直接供电方式

接触网结构示意如图 2-29 所示，在普速铁路上的架空地线一般架设于钢支柱上方，以更好地发挥防雷作用，如果采用综合贯通地线，则不必再架设架空地线。

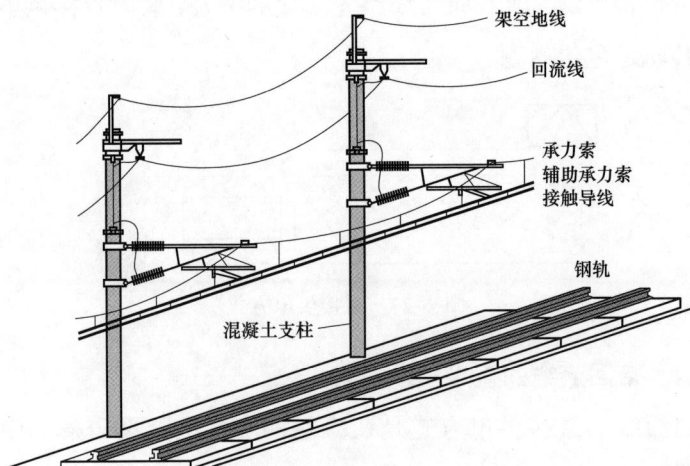

图 2-29　带回流线直接供电方式的接触网结构示意

2.5.3　AT 供电方式

AT 供电方式是大容量供电的有效供电方式，高速铁路牵引供电系统一般使用 AT 供电方式。目前世界高速铁路 AT 供电方式主要为 55kV 日本模式和 2×27.5kV 法国模式。这两种模式在我国均有采用，如：京秦线采用 55kV 日本模式，京津线则采用 2×27.5kV 法国模式。

（1）55kV 的 AT 供电方式。

日本是最早采用 AT 供电的国家，当时用在山阳新干线上，后来法国、美国（25Hz）、苏联、中国等相继采用。

日本采用 55kV 的 AT 供电方式，其特点是在牵引变电所牵引馈线上均安装 AT。在牵引网供电范围内均通过 AT 电磁回路实现牵引负荷能量的传递，即除了电气列车所在的 AT 段（称为短回路）牵引电流在接触网 T、负馈线 F 和钢轨 R（地）之间分配外，在牵引变电所到电气列车所在 AT 段最近的 AT 这段牵引网（称为长回路）中，牵引电流只在接触网 T、负馈线 F 之间分配，理想情况下钢轨 R（地）中电流为 0（通常自耦变压器上、下绕组变比 $n_1:n_2=1$），可见，对应长回路的轨道电位应为 0，而短回路的轨道电位亦可大大降低，同时长回路、短回路对通信干扰的都具有较好防护作用。一般 AT 间隔（短回路）约 10km。以单线铁路为例，其电流分配如图 2–30 所示。

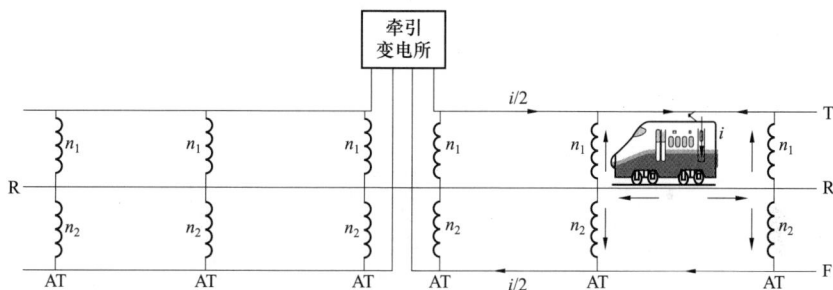

图 2–30　55kV AT 供电方式原理图

较之于直接供电方式，AT 供电方式使供电电压成倍提高，供电容量成倍提高，同时，牵引网阻抗小，电压损失和电能损失亦小，供电距离可达直接供电方式的 170%～200%，因此，AT 供电方式是一种适于高速、重载等大电流运行的牵引供电方式，但投资较高。

（2）2×27.5kV 的 AT 供电方式。

如前所述，为适应 2×27.5kV 的 AT 供电方式，需要牵引变压器二次绕组中点抽头，形成两个 27.5kV 牵引端口。在靠近牵引变电所的 AT 段内，由接触网 T、钢轨 R 和 T 绕组组成的直供回路起到较大的作用，电气列车离开牵引变电所越远，牵引变压器的 T 绕组和 F 绕组的作用才趋向平衡，图 2–31 所示为单线铁路各部分电流分配示意。直供回路将降低对通信干扰的防护作用。

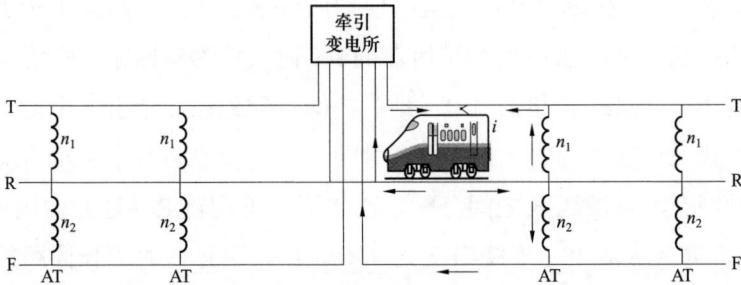

图 2–31　2×27.5kV 的 AT 供电方式原理

从牵引网的结构来说，无论 2×27.5kV 的 AT 供电方式还是 55kV 的 AT 供电方式，其牵引网的结构是一致的，如图 2–32 所示。如果系统有综合贯通地线，并且采用钢支柱，就不需再架设图 2–32 中所示的架空地线。

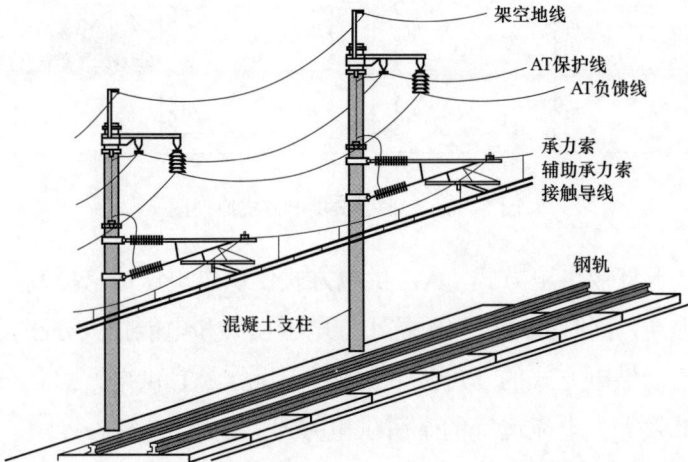

图 2–32　AT 供电方式的接触网结构示意

日本采用 55kV 的 AT 供电方式，称为日本模式，法国采用 2×27.5kV 的 AT 供电方式，称为法国模式。显然，日本模式牵引变电所复杂，投资大，但供电容量也大，法国模式牵引变电所相对简单，投资少，供电容量却受到制约。

2.5.4　CC 供电方式

CC 供电方式即同轴电力电缆供电方式。同轴电力电缆沿铁路线路埋设，内部芯线作为供电线与接触网 T 连接，外部导体作为回流线与钢轨 R 相接，每隔 5～10km 连接一次，成为一个分段，如图 2-33 所示。CC 供电方式的优点是：芯线和在同一电缆中同轴布置，间隔很小，耦合紧密，使得互感系数增大；同轴电力电缆的阻抗比接触网和钢轨的阻抗小得多，因此牵引电流和回流几乎全部在同轴电力电缆中流通；电缆芯线与外层导体电流相等，方向相反，二者形成的磁场相互抵消，对邻近的通信线路几乎无干扰，吸流效果和抑制通信干扰的效果优于 AT 供电方式。CC 供电牵引网阻抗和供电距离与 AT 方式相近，钢轨电位较低，接触网结构较简单，对净空要求低，宜于重载、高速等大电流运行。随着同轴电缆造价的降低，其应用价值大大增强。

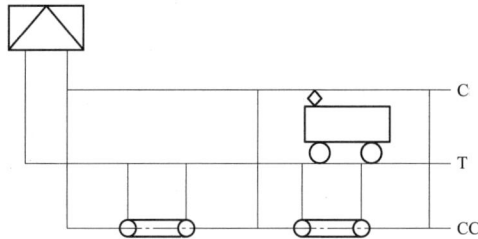

图 2-33　CC 供电方式

3 电气化铁路电能质量分析

3.1 概　　述

如第 1 章所述，从严格意义上讲，衡量电能质量（Power Quality）的主要指标有电压、频率和波形，从普遍意义上讲是指优质供电，包括供电质量和用电质量。电能质量问题可以定义为：导致用电设备故障或不能正常工作的电压、电流或频率的偏差，其内容包括频率偏差、电压偏差、电压波动与闪变、三相不平衡、瞬时或暂态过电压、波形畸变（谐波）、电压暂降、中断、暂升以及供电连续性等。

3.1.1　频率超标的危害

电力系统中的发电机与用电设备只有在额定频率附近运行时，才能发挥最好的性能。系统频率过大的变动，对用户和发电厂的运行都将产生不利影响。系统频率变化对电力系统和电气设备的危害主要表现在以下几个方面：

（1）频率变化将引起电动机转速的变化，从而使由这些电动机驱动的纺织、造纸等机械设备生产的产品的质量受到影响，甚至出现残次品。

（2）系统频率降低将使电动机的转速和功率降低，导致传动机械的出力降低，影响生产效率。当系统频率下降时，电容器的无功出力成比例降低，此时电容器对电压的支持作用被削弱，不利于系统电压的调整。

（3）频率偏差的积累会在电钟指示的误差中表现出来。工业和科技部门使用的测量、控制等电子设备将因受系统频率波动的影响而出现准确性和工作性能降低，频率过低时甚至无法工作。频率偏差大使感应式电能表的计量误差加大。

（4）电力系统频率降低时，会对系统的安全运行带来影响。例如：频率降低时，由电动机驱动的机械（如风机、水泵及磨煤机等）的出力降低，导致发电机出力下降，使系统的频率进一步下降。当频率降到 46Hz 以下时，可能在几分钟内使火电厂的正常运行受到破坏，系统功率缺额更大，频率下降更快，从而发生频率崩溃现象，使整个系统瓦解，造成大面积停电。

（5）系统频率过高也是不行的。当发电机组在带负荷运行条件下发生过频率情况时，调速系统的动态行为如何，很难事先掌握。一般大中型发电机组均有过频率保护跳闸装置，以免机组超速而损坏。

3.1.2　电压偏差的危害

电压偏差过大会对电气设备和电力系统运行带来一系列的危害，主要体现在以下几个方面：

（1）对照明设备的影响。电气设备都是按照在额定电压下运行而设计、制造的。照明常用的白炽灯、荧光灯，其光视效能、光通量和使用寿命，均与电压有关。图 3-1 所示的曲线表示白炽灯和荧光灯端电压变化时，其光通量、光视效能和寿命的变化。

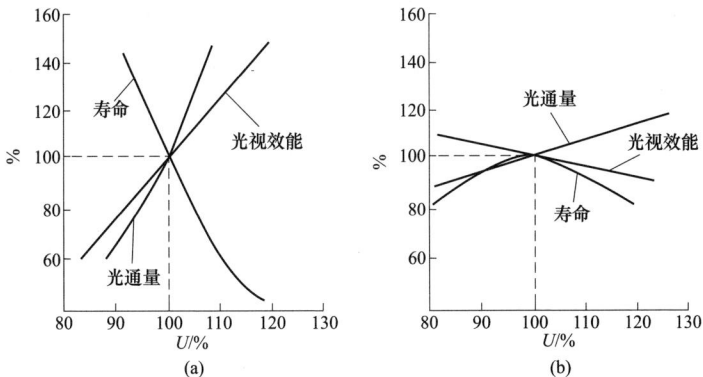

图 3-1　照明灯的电压特性

（a）白炽灯；（b）荧光灯

白炽灯对电压变化很敏感，从图 3-1（a）中可看出：当电压相对额定电压降低 10%时，光通量减少 30%，使照度显著降低；当电压相对额定电压升高 5%时，白炽灯的寿命缩短 30%，这将使白炽灯的损坏显著增加。

对于荧光灯而言，灯管的寿命与其工作电流有关，电压和电流增大，则寿命缩短。反之，电压降低，由于灯丝预热温度过低，灯丝发射物质发生飞溅也会使灯管寿命缩短。

（2）对电动机的影响。用户大量使用的异步电动机，当其端电压改变时，电动机的转矩、效率和电流都会发生变化。异步电动机的最大转矩（功率）与端电压的平方成正比。如电动机端电压降低过多，电动机可能因转矩降低过多而停止运转，使由它带动的生产设备不能正常运行。

（3）对变压器、互感器的影响。电压升高对变压器、互感器的影响主要有两方面：一是励磁电流增加，铁心温升增加；二是使绝缘很快老化。当电压降低时，在传输同样功率条件下，绕组损耗增加。

（4）对并联电容器的影响。电压降低使电容器无功功率输出大大降低。电压升高，虽然无功功率提高，但绝缘寿命降低。

（5）对家用电器的影响。电压降低使电视机色彩变差、亮度变暗。电压偏移过大，可能使电子计算机和控制设备出现错误结果和误动等。

（6）对其他用电设备的影响。实际上，电压的变化广泛地影响着各种工业用电设备。

（7）对电力系统运行的影响。电压降低时，对系统运行的影响主要有以下 3 个方面：

1）由于输电线路输送功率的静态稳定功率极限 $P_\mathrm{M} = EU / X$，即 P_M 与发电机电动势 E 和系统电压 U 成正比，与组合电抗 X 成反比。因此，系统电压越低，稳定功率极限越低，功率极限与线路输送功率的差值（即功率储备）越低，从而容易发生不稳定现象，造成系统瓦解的重大事故。

2）当电力系统缺乏无功功率，电力系统运行电压低时，可能因电压不稳定造成系统电压崩溃，也会造成大量用户停电或系统瓦解。

3）输电线路和变压器在输送相同功率的条件下，其电流大小与运行电压成反比。电力系统低电压运行，会使线路和变压器电流增大。线路和变压器绕组的有功损耗与电流的平方成正比。低电压运行会使电力系统有功功率损耗和无功功率损耗大大增加，从而加大了线损率，增加了供电成本。

3.1.3 谐波的危害和不良影响

谐波对电力系统及用户有诸多危害，国际上列出了 11 个方面，具体如下：

（1）介质击穿或无功过载而使电容器组故障。

（2）干扰纹波控制电力载波系统，引起遥控、负荷控制和遥测的运行异常。

（3）造成电力系统损耗增加。

（4）网络谐振引起过电压或过电流。

（5）谐波过电压引起绝缘电缆的介质击穿。

（6）对通信系统的感应干扰。

（7）引起感应式电能表的计量误差。

（8）引起信号干扰和保护误动，特别是固态型的和微机型的。在谐波影响下，有的保护闭锁装置因频繁动作而不得不退出运行。

（9）干扰大型电动机控制系统和电厂励磁系统。

（10）引起感应电机或同步电动机的机械振动。

（11）引起基于电压过零检测或闭锁的触发电路的不稳定运行。

当然，这些不良影响依赖于谐波源及其所在位置和网络的谐波传播特性。

有文献建议根据谐波影响的特性，将谐波影响划分为 3 类，即热影响、冷影响和谐振影响。

热影响指因发热而产生的不良影响，有长期性和积累效应，主要是谐波或合成谐波的幅值在起作用。如对感应电动机和同步电动机的影响、电容器组的热效应、电能表的计量误差以及机械振动等都属于此类。

冷影响指瞬间产生的不良影响，主要是谐波或合成谐波的瞬时幅值或相位在起作用。如对继电保护和自动装置等弱电设备的影响、对电容器组和绝缘电缆中电介质的影响等都属于此类。

谐振影响指网络的拓扑结构和参数对谐波源激励的一种响应，它发生时将引起相关元件的过电流或过电压。在低次谐波下，未串入电抗器或串入的电抗器不恰当时，并联电容器组不能投入使用或投入后故障都属于此范畴。高次谐波下，电力系统的阻抗—频率特性十分复杂，局部并联谐振和串联谐振交替发生，系统及其元件和谐波源对畸变的作用已面目全非，并变得无法人为控制。一定程度上，谐振也是一种谐波源。

3.1.4 三相不平衡的危害

三相不平衡（也称为负序）对电力系统和电力设备的危害主要体现在以下几个方面：

（1）对旋转电机的影响。当负序电流流过发电机时，产生负序旋转磁场，产生负序同步转矩，使发电机产生附加振动。对于汽轮发电机来说，转子为其关键部分，而转子的负序温升比定子大，因此存在局部的温升热点部位，危及其安全运行和正常出力。负序电流也会影响三相电动机的正常运行，尤其对感应电动机的定子绕组的影响最为明显，同时还将在电动机中产生反向旋转磁场，该磁场将对转子产生制动转矩，影响电动机的出力。

（2）对继电保护的影响。负序电流会干扰继电保护和自动装置的负序参量启动元件，使它们频繁启动。其中距离保护的负序振荡闭锁装置误动以后，除了触发声光报警信号之外，还有可能使距离保护转入闭锁状态，使线路在当时失去保护。当振荡闭锁解除后系统又立即发生振荡，使保护误动作而触发跳闸，切断线路。

（3）增加电力系统损耗。负序电流流过输电系统时，不仅占用了系统容量，而且会造成电能损失，降低输电系统的输送能力。

（4）对电力变压器的影响。负序电流造成电力系统三相变压器中某相电流最大而不能充分发挥变压器额定出力，变压器的容量利用率下降。另外，变压器的励磁损耗在负序电流作用下将明显增加。

（5）对用户的影响。在低压系统中，如果三相电压不平衡，对照明和家用电器正常安全工作会造成威胁，因为这类设备大多是单相的。这类设备如果接在电压过高的相上工作，则会使设备寿命缩短，甚至损坏；如果接在电压过低的相上，则设备不能正常运行。

3.1.5 电压波动和闪变的危害

电压波动和闪变的危害表现在以下几方面：

（1）照明灯光闪烁（称为"闪变"）引起人的视觉不适和疲劳，影响工作效率。

（2）使电视机画面亮度变化，垂直和水平幅度振动。

（3）电动机转速不均匀，影响电动机寿命和产品质量。

（4）使整流装置的出力波动，导致换流失败等。

（5）使电子仪器、电子计算机、自动控制设备等工作不正常。

（6）影响对电压波动较敏感的工艺或者试验结果。

总的来看，电能质量问题主要是由用户引起的。电气化铁路是电力系统中的特殊用户，其特点主要体现在以下几个方面：

（1）直接接入高压系统。一般电气化铁路牵引供电系统接入 110kV 电力系统。随着铁路客运高速和货运重载的不断发展，牵引负荷功率的不断增大，110kV 电力系统渐渐不能满足电气化铁路的要求，因此新建高速铁路和客运专线直接接入 220kV 电力系统。

（2）电气化铁路机车或动车组负荷为移动负荷，负荷波动剧烈，带有一定的冲击性。铁路沿线线路条件千差万别，列车运行时速度和线路坡度随时都在变化，且列车在铁路上按信号运行，在铁路运输状态发生变化时，在供电臂内列车数量疏密也在变化，所以，牵引变电所两供电臂内，列车的数量及每一列车的负荷状态随时都在变化，牵引变电所的负荷呈现出频繁波动的状态。

（3）不对称性。牵引负荷对三相电力系统的作用，主要由牵引变压器接线方式决定。除纯单相接线外，都是两相（异相）供电，并且这两相上的牵引负荷也是相互独立的，因此相对三相电力系统而言，可以认为每个供电臂带一个独立的单相牵引负荷，这些单相牵引负荷通过牵引变电所的牵引变压器反映到三相电力系统中去，加上牵引负荷的剧烈波动性，将在电力系统中造成三相不平衡，对电力系统的正常运行产生不良影响。电气化铁路作为三相电力系统的大宗工业负荷，并且随着电气列车功率的加大，其不对称性将愈加显著。

（4）非线性。目前我国还有大量的交—直型电力机车在运行，属于AC/DC 整流型负荷，其主要特点是功率因数低、谐波含量大，成为影响电力系统经济与安全可靠运行的不良因素，一直受到电力系统和铁路供电技术人员和学者的广泛关注。可喜的是我国的高速铁路和客运专线都使用交—直—交动车组，重载铁路也开始推广交—直—交大功率电力机车，其功率因数高，接近于 1，谐波含量大大降低，并且交—直型电力机车已经停产，电气化铁路谐波问题可以得以根本性改观。

根据电气化铁路负荷的特点，与电气化铁路电能质量紧密相关的指标主要是电压偏差、电压不平衡度和谐波电压含有率及总谐波电压畸变率。如果将这些影响都看作是特殊负荷对系统的污染，那么按照国家标准，这些电能质量指标的计算均是公共连接点（PCC）处该指标（电压损失、负序电压和谐波电压）的绝对值与系统额定电压之比的相对值。因此，要降低这些污染对电力系统的相对影响，一方面要降低这些污染的绝对值，另一方面要选择强大的系统电源。

为了保证电力系统的电能质量水平，很多国际组织和国家均制定了电能质量标准。标准是技术的顶层，一个科学合理的标准对保证良好电力系统电能质量能够起到关键作用。目前，我国电能质量方面的国家标准主要由全国电压电流等级和频率标准委员会起草，由国家质量监督检验检疫总局发布。我国电能质量方面的国家标准主要包括 6 个方面：电力系统频率偏差、供电电压偏差、三相电压不平衡、公用电力系统谐波、电压波动和闪变、暂时过电压和瞬态过电压。这些标准均为电气工程领域的基础标准，直接涉及电能生产、输配、使用及设备设计制造行业的安全生产、管理和电能质量，是相关研究、设计、厂矿企业等单位的电气专业技术人员、标准化和管理人员以及大专院校电气类师生所需要的。本章将对上述 6 个电能质量国家标准进行简单介绍。

3.2　电力系统电能质量标准

3.2.1　频率偏差

电力系统的标称频率为 50Hz 或 60Hz，中国及欧洲地区采用 50Hz，美洲地区多采用 60Hz，日本则有 50Hz 和 60Hz 两种。频率对电力系统负荷的正常工作有广泛的影响，系统某些负荷以及发电厂厂用电负荷对频率的要求非常严格。要保证用户和发电厂的正常工作就必须严格控制系统频率，使系统频率偏差控制在允许范围之内。

GB/T 15945—2008《电能质量电力系统频率偏差》（代替 GB/T 15945—1995）规定：

（1）电力系统正常运行条件下频率偏差限值为±0.2Hz。当系统容量较小时，偏差限值可以放宽到±0.5Hz。

（2）冲击负荷引起的系统频率偏差为±0.2Hz，根据冲击负荷性质和大小以及系统的条件也可适当变动，但应保证近区电力网、发电机组和用户的安全、稳定运行以及正常供电。

（3）电力系统中频率合格率的统计计算方法为

$$频率合格率 = \left(1 - \frac{频率超限时间}{总运行统计时间}\right) \times 100\% \qquad (3-1)$$

式中，统计时间以秒（s）为单位。具体方法为测量电力系统基波频率，每次取 1s、3s 或 10s 间隔内统计到的整数周期与整数周期累计时间之比（和 1s、3s 或 10s 时钟重叠的单个周期应丢弃）。测量时间间隔不能重叠，每 1s、3s 或 10s 间隔应在 1s、3s 或 10s 时钟开始计时。

3.2.2 供电电压偏差

GB/T 12325—2008《电能质量供电电压偏差》是 GB/T 12325—2003 的修订版，是根据用电设备对电压偏差的要求，并参考了国际上相关的标准和我国电力系统电压偏差的实际状况而制订的。

GB/T 12325 规定供电电压为供电企业与用户产权分界处的电压或由供用电协议所约定的电能计量点的电压。GB/T 12325—2008 中的基本条款如下：

（1）35kV 及以上供电电压正、负偏差绝对值之和不超过额定电压的 10%。如供电电压上下偏差同号（均为正或负）时，按较大的偏差绝对值为衡量依据。

（2）20kV 及以下三相供电电压允许偏差为额定电压的±7%。

（3）220V 单相用户的供电电压允许偏差为额定电压的+7%、−10%。

（4）对供电点短路容量较小、供电距离较长以及对供电电压偏差有特殊要求的用户，由供、用电双方协议确定。

与 GB/T 12325—2003 相比，关于供电电压偏差限值部分的改动包括第（2）条中电压等级由 10kV 改为 20kV；增加第（4）条关于特殊情况的处理方法。

GB/T 12325—2008 还增加了关于供电电压偏差测量方面的内容，具体测量方法如下：

获得电压有效值的测量时间窗口应为 10 个周期，并且每个测量时间窗口应该与紧邻的测量时间窗口接近而不重叠，连续测量并计算电压有效值的平均值，最终计算获得供电电压偏差值。电压偏差计算公式如下

$$电压偏差(\%) = \frac{电压测量值 - 系统标称电压}{系统标称电压} \times 100\%$$

对 A 级性能电压监测仪，可以根据具体情况选择 4 个不同类型的时间长度计算供电电压偏差：3s、1min、10min 和 2h。对 B 级性能电压监

测仪应标明测量时间窗口、计算供电电压偏差的时间长度。时间长度推荐采用 1min 或 10min。A 级性能电压监测仪的测量误差不应超过 ±0.2%；B 级性能仪器的测量误差不应超过 ±0.5%。

电压合格率的计算方法如下

$$电压合格率(\%) = \left(1 - \frac{电压超限时间}{总运行统计时间}\right) \times 100\%$$

式中，供电电压偏差监测统计的时间单位为 min，通常每次以月（或周、季、年）的时间为电压监测的总时间，供电电压偏差超限的时间累计之和为电压超限时间。

对牵引变压器 27.5kV 侧母线电压，认定其母线电压大于 29kV 或者小于 20kV 为不合格的电压，则基于时间的电压不合格率(%)=（>29kV 概率）%+（<20kV 概率）%。

3.2.3 三相电压不平衡

电力系统三相电压不平衡的状况是电能质量的主要指标之一。三相电压不平衡超过标准值将导致一系列问题。GB/T 15543—2008《电能质量三相电压不平衡》是电能质量系列标准之一，是针对电力系统正常工况而制定的。标准规定了三相电压不平衡的允许值及其计算、测量和取值方法等。

GB/T 15543—2008 只适用于标称频率为 50Hz 的交流电力系统由于负序基波分量引起的公共连接点的电压不平衡及低压系统由于零序基波分量而引起的公共连接点的电压不平衡。此外，电气设备额定工况的电压允许不平衡度和负序电流允许值仍由各自标准规定，例如旋转电机按 GB 755 要求规定。

GB/T 15543—2008 在其附录 A 中给出的不平衡度的表达式为

$$\begin{cases} \varepsilon_{U2} = \dfrac{U_2}{U_1} \times 100\% \\ \varepsilon_{U0} = \dfrac{U_0}{U_1} \times 100\% \end{cases} \tag{3-2}$$

式中 U_1——三相电压的正序分量方均根值，V；

      U_2——三相电压的负序分量方均根值，V；

      U_0——三相电压的零序分量方均根值，V。

将式（3-2）中 U_1、U_2、U_0 换为 I_1、I_2、I_0 则为相应的电流不平衡度 ε_{I2} 和 ε_{I0} 的表达式。

GB/T 15543—2008 规定：电力系统公共连接点正常电压不平衡度允许值为 2%，短时不得超过 4%。低压系统（指标称电压不大于 1kV 的供电系统）零序电压限值暂没有规定，但是各相电压必须满足 GB/T 12325 的要求。另外，该标准中的不平衡度为在电力系统正常运行的最小方式（或较小方式）下，最大的生产（运行）周期中负荷所引起的电压不平衡的实测值。

标准规定，接于公共连接点的每个用户引起的该点负序电压不平衡度允许值一般为 1.3%，短时不超过 2.6%。根据连接点的负荷状况以及邻近发电机、继电保护和自动装置安全运行要求，该允许值可作适当变动，但是必须满足正常电压不平衡度不超过 2%，短时不得超过 4% 的规定。

对用户虽然规定了电压不平衡度的限值，但由于背景电压中也存有不平衡，因此负序发生量监测宜用电流。标准规定："负序电压不平衡度允许值一般可根据连接点的正常最小短路容量换算为相应的负序电流值，作为分析或测算依据。"标准中推荐的由负序电流换算为电压不平衡度的近似公式为

$$\varepsilon_{U2} = \frac{\sqrt{3}I_2 U_L}{10 S_{SC}} \times 100 \, (\%) \tag{3-3}$$

式中 I_2——负序电流值，A；

      U_L——线电压，V；

      S_{SC}——公共连接点的三相短路容量，VA。

该式是假定公共连接点电力系统的等值正序阻抗与负序阻抗相等

的前提下推出的，而这个假定条件只有在离旋转电机电气距离较远的点（即线路和变压器阻抗在等值阻抗中占绝对优势）才成立。因此标准中特别指出："邻近大型旋转电机的用户，其负序电流值换算时应考虑旋转电机的负序阻抗。"

GB/T 15543—2008 中 ε 值指的是在电力系统正常运行的最小方式（或较小方式）下，不平衡负荷处于正常、连续工作状态下（包含最大工作周期）的实测值。例如炼钢电弧炉应在熔化期测量。对于电力系统公共连接点，测量持续时间取 1 个周期，每个不平衡度的测量间隔可为 1min 的整数倍；对于波动负荷，可以取正常工作日 24h 持续测量，每个不平衡度的测量间隔为 1min。

对于电力系统的公共连接点，供电电压负序不平衡度测量值的 10min 方均根值的 95%概率大值应不大于 2%，所有测量值中的最大值不大于 4%。对日波动不平衡负荷，供电电压负序不平衡度测量值的 1min 方均根值的 95%概率大值应不大于 2%，所有测量值中的最大值不大于 4%。

对于日波动不平衡负荷也可以按时间取值：日累计大于 2%的时间不超过 72min，且每 30min 中大于 2%的时间不超过 5min。

GB/T 15543—2008 规定：为了使用方便，实测值的 95%概率值可将实测值按由大到小次序排列，舍弃前面 5%的大值，取剩余实测值中的最大值。以时间取值时，如果 1min 方均根值超过 2%，按超标 1min 进行时间累计。

在对不平衡度进行测量时，测量仪器记录周期应为 3s，按方均根取值。电压输入信号基波分量的每次测量取 10 个周期的间隔。对于离散采样的测量仪器，推荐按下式计算 ε 测量结果

$$\varepsilon = \sqrt{\frac{1}{m}\sum_{k=1}^{m}\varepsilon_k^2} \qquad (3\text{–}4)$$

式中 ε_k——在 3s 内第 k 次测得的不平衡度；

       m——在 3s 内均匀间隔取值次数（$m \geqslant 6$）。

对于特殊情况，也可由供用电双方另行商定每次测量的取值方法。

3.2.4　公用电力系统谐波

限制电力系统谐波水平主要通过限制用户的谐波发射水平来实现，而限制用户谐波发射水平的依据是国家标准。因此制定有关谐波的国家标准需要进行全面研究和论证，包括国外相关谐波标准、谐波叠加规律、总谐波畸变率及各次谐波含有率、用户注入电力系统的谐波电流允许值、谐波测量方法及数据处理、电力系统背景谐波水平等。合理的谐波标准能使用户谐波发射水平受到限制，减少谐波的不良影响，保证电力系统的安全运行，提高供电质量。若制定的标准过于宽松，就可能造成谐波水平严重超过电力系统的承受能力，引起供电质量下降；反之，则可能使非线性用户即使采取技术措施也难以达到标准的要求，造成不必要的浪费。因此，根据国外经验，谐波标准应遵循对电力系统和用户公平的原则，根据各国电力系统的实际情况进行制定。

目前很多电力电子和电力工程领域的国际组织成立了专门的机构对谐波进行广泛深入的研究，如国际电工委员会（IEC）、英国电力协会（EA）和美国电气与电子工程师学会（IEEE）。作为管理谐波国际技术标准的机构，IEC陆续出版了 IEC 61000 电磁兼容系列标准和技术报告，其中涉及中高压电力系统谐波及其限值的是 IEC 61000–3–6，其性质为第 3 类技术报告。

英国是对电力系统谐波问题认识比较早的国家之一，早在 1976 年就颁布了 Engineering Recommendation G5/3 作为对电力系统谐波限制标准之一，为谐波标准的制定提供了实际经验，具有重要参考价值。我国的 GB/T 14549—1993 就是在参考英国 G5/3 的基础上制定的。另外，英国于 2001 年在 G5/3 的基础上正式颁布了 Engineering Recommendation G5/4。

美国 IEEE 工业应用协会自 1973 年起开始制定谐波标准，并于 1981 年发布了第一版 IEEE Std. 519—1981。1986 年，电力工程师协会加入工业应用协会，并将 IEEE Std. 519—1981 由"导则"更新为"推荐方法"。这就是目前国际上广泛使用的 IEEE Std. 519—1992。

我国对谐波问题的研究始于 20 世纪 80 年代。1982 年 9 月，原水电部组成电力系统谐波研究小组，重点考察了英国 1976 年颁发的 G5/3，并组织编写了 SD 126—1984《电力系统谐波管理的暂行规定》。该规定自 1985 年 1 月 1 日起执行。1986 年 4 月，原国家标准局在《关于发送"一九八六年制、修订国家标准项目计划"的通知》中明确指出："电力系统高次谐波分量"的国家标准由原水电部生产司和铁道部基建总局共同起草。1991 年，谐波国家标准起草小组提交了 GB/T 14549—1993《电能质量公用电力系统谐波》初稿，1993 年，国家技术监督局正式颁发了国家标准 GB/T 14549—1993，其性质为推荐性国家标准，该标准的正式颁发标志着我国谐波综合治理工作走上了标准化道路。

IEC 明确指出，为促进国际一致化，参加 IEC 的国家应最大限度地把 IEC 国际标准转化为其国家标准和地区标准。为使我国谐波国家标准向更科学、更先进的方向发展，2000 年，国家技术监督局将 IEC 61000–3–6 等同采用为国家指导性技术文件 GB/Z 17625.4—2000《中、高压电力系统中畸变负荷发射限值的评估》。

下面对我国两个有关谐波的技术文件进行介绍。

3.2.4.1 GB/T 14549—1993 简介

GB/T 14549—1993《电能质量公用电力系统谐波》由国家技术监督局于 1993 年颁布，其主要内容是规定了公用电力系统谐波的允许值及测试方法。该标准适用于交流额定频率为 50Hz、标称电压为 110kV 及以下的公用电力系统，标称电压为 220kV 的公用电力系统可以参照标称电压为 110kV 的公用电力系统执行。该标准不适用于暂态现象和短时谐间波。GB/T 14549—1993 规定的谐波电压限值和谐波电流允许值分别见表 3–1 和表 3–2。

表 3-1　　公用电力系统谐波电压（相电压）限值

电力系统标称电压/kV	电压总谐波畸变率/%	各次谐波电压含有率/%	
		奇次	偶次
0.38	5.0	3.0	2.0
6	3.0	3.2	1.5
10			
35	3.0	2.4	1.2
66			
110	2.0	1.6	0.8

表 3-2　　注入公共连接点的谐波电流允许值

标准电压/kV		0.36	6	10	35	66	110
基准短路容量/MVA		10	100	100	250	500	750
谐波次数及谐波电流允许值/A	2	78	43	26	15	16	12
	3	62	34	20	12	13	9.6
	4	39	21	13	7.7	8.1	6.0
	5	62	34	20	12	13	9.6
	6	26	14	8.5	5.1	5.4	3.0
	7	44	24	15	8.8	9.3	6.8
	8	19	11	6.4	3.8	3.1	3.0
	9	21	11	6.8	3.1	3.3	3.2
	10	16	8.5	5.1	3.1	3.3	2.4
	11	28	16	9.3	5.6	5.9	3.3
	12	13	7.1	3.3	2.6	2.7	2.0
	13	24	13	7.9	3.7	5.0	3.7
	14	11	6.1	3.7	2.2	2.3	1.7
	15	12	6.8	3.1	2.5	2.6	1.9
	16	9.7	5.3	3.2	1.9	2.0	1.5
	17	18	10	6.0	3.6	3.8	2.8
	18	8.6	3.7	2.8	1.7	1.8	1.3
	19	16	9.0	5.4	3.2	3.4	2.5
	20	7.8	3.3	2.6	1.5	1.6	1.2
	21	8.9	3.9	2.9	1.8	1.9	1.4
	22	7.1	3.9	2.3	1.4	1.5	1.1
	23	14	7.4	3.5	2.7	2.8	2.1
	24	6.5	3.6	2.1	1.3	1.4	1.0
	25	12	6.8	3.1	2.5	2.6	1.9

GB/T 14549—1993 规定公共连接点的全部用户向该点注入的谐波电流分量（方均根值）不应超过表 3–2 中规定的允许值。当公共连接点处的最小短路容量不同于基准短路容量时，表 3–2 中的谐波电流允许值应按式（3–5）进行换算

$$I_h = \frac{S_{k1}}{S_{k2}} I_{hp} \qquad (3-5)$$

式中 S_{k1}——公共连接点的最小短路容量，MVA；

S_{k2}——基准短路容量，MVA；

I_{hp}——表 3–2 中的第 h 次谐波电流允许值，A；

I_h——短路容量为 S_{k1} 时第 h 次谐波电流允许值，A。

电力系统谐波电压和电流往往由多个谐波源产生，因而不同谐波源的向量叠加计算是谐波标准制定的重要基础。两个谐波源的同次谐波电流 I_{h1} 和 I_{h2} 在一条线路上叠加，当相位角 θ_h 已知时，按照下式进行计算

$$I_h = \sqrt{I_{h1}^2 + I_{h2}^2 + 2I_{h1}I_{h2}\cos\theta_h} \qquad (3-6)$$

但是在实际电力系统中，同次谐波电流相位关系受到多种因素影响，具有一定随机性，因此 GB/T 14549—1993 中给出了相位角 θ_h 不确定时，进行合成计算的公式

$$I_h = \sqrt{I_{h1}^2 + I_{h2}^2 + K_h I_{h1} I_{h2}} \qquad (3-7)$$

其中 K_h 按照表 3–3 选取。

表 3–3   系 数 K_h 的 值

谐波次数	奇　　次							偶次
	3	5	7	9	11	13	>13	
K_h	1.62	1.28	0.72	0	0.18	0.08	0	0

GB/T 14549—1993 还规定同一公共连接点的每个用户向电力系统注入的谐波电流允许值按此用户在该点的协议容量与其公共连接点的供电设备容量之比进行分配。

在公共连接点处第 i 个用户的第 h 次谐波电流允许值(I_{hi})按式(3-8)计算

$$I_{hi} = I_h(S_i / S_t)^{1/\alpha} \qquad (3-8)$$

式中　I_h——短路容量为 S_{k1} 时第 h 次谐波电流允许值，A；

　　　S_i——第 i 个用户的用电协议容量，MVA；

　　　S_t——公共连接点的供电设备容量，MVA；

　　　α——相位叠加系数，按表 3-4 取值。

表 3-4　　　　　　　　相位叠加系数取值

谐波次数	奇次							偶次
	3	5	7	9	11	13	>13	
α	1.1	1.2	1.4	2.0	1.8	1.9	2.0	2.0

GB/T 14549—1993 还规定谐波电压（或电流）测量应选择在电力系统正常供电时可能出现的最小运行方式，且应在谐波源工作周期中产生的谐波量大的时间段内进行。当测量点附近安装有电容器组时，应在电容器组的各种运行方式下进行测量。测量的谐波次数一般为 2～19 次谐波，谐波次数的测量范围可根据谐波源的特点或测试分析结果进行适当的变动。

对于负荷变化快的谐波源（例如：炼钢电弧炉、晶闸管变流设备供电的轧机、电力机车等），测量的间隔时间不大于 2min，测量次数应满足数理统计的要求，一般不少于 30 次。对于负荷变化慢的谐波源（例如：化工整流器、直流输电换流站等），测量间隔和持续时间不作规定。谐波测量的数据应取测量时间段内各相实测量值的 95% 概率值中最大的一相值，作为判断谐波是否超过允许值的依据。但对负荷变化慢的谐波源，可选 5 个接近的实测值，取其算术平均值。为了实用方便，实测值的 95% 概率值可以按照下述方法近似选取：将实测值按照由大到小的顺序排列，舍弃前面 5% 的大值，取其余实测值中的最大值。

为了区别暂态现象和谐波，对负荷变化快的谐波，每次测量结果可

为 3s 内所测值的平均值。推荐采用式（3–9）计算

$$U_h = \sqrt{\frac{1}{m}\sum_{k=1}^{m}(U_{hk})^2}$$ （3–9）

式中　U_{hk}——3s 内第 k 次测得的 h 次谐波的方均根值；

　　　m——3s 内取均匀间隔的测量次数，$m \geqslant 6$。

GB/T 14549—1993 自 1993 年开始执行至今已有 20 余年。在该标准执行过程中发现其存在一些问题，例如：

（1）限值过严导致标准难以执行。从标准限值上讲，谐波是作为商品的电能应保证的性能指标，必须兼顾电力系统、用户和设备制造商三方的利益，在现代技术水平条件下，能调动各个方面的积极性，共同分担责任，维持好电气环境。因此任何一方标准定得过宽或过严都是不合适的。一个突出的例子是 GB/T 14549—1993 用于电气化铁路时，3 次谐波电流过严，即使是在全部采用交—直—交电气列车牵引的电气化铁路上也无一达标。

（2）标准缺乏灵活性，不便于执行。标准中的限值均是在一些假定条件下得出的，不可能适用于全部复杂的现场条件。标准必须留有灵活性处理空间，现行的谐波标准还缺乏这方面的明确规定，这往往造成执行中一些不必要的矛盾。

（3）标准中某些规定缺乏工程或权威文献依据。例如，谐波阻抗 Z_h 的计算在现行国标中对各种电压等级只推荐用短路容量换算出阻抗乘以谐波次数，这种做法在国际标准中仅适用于低压系统。实际工程中还有其他方法能够较准确地确定 Z_h，应在标准中反映。

3.2.4.2 IEC 61000–3–6 简介

IEC 61000–3–6 是由国际电工委员会（International Electrotechnical Commission，IEC）技术委员会 77（电磁兼容）的 77A 分技术委员会制定的。IEC 61000–3–6 是 IEC 61000 的第 3 部分第 6 分部分。按照 IEC 导则 107，它具有基础电磁兼容（EMC）出版物的地位。IEC 61000–3–6 提出了用来作为决定大型畸变负荷（产生谐波和/或谐间波）接入公用

电力系统所依据的一些基本原则。其主要目的在于为工程实践提供指导，以保证对所有被接入系统的用户都有合适的供电质量。

（1）基本概念。

IEC 61000-3-6 提出了谐波电压的兼容水平、规划水平和发射水平3 个基本概念：

1）兼容水平是用来协调组成供电网络的设备或由供电网络供电的设备发射和抗扰度的参考值，以保证整个系统（包括网络及所连设备）的电磁兼容性（EMC）。利用表示骚扰的时间和空间的概率分布，兼容水平一般以整个系统的 95% 概率水平为基础。

2）规划水平是在规划时评估所有用户负荷对供电系统的影响所用的水平。供电公司为该系统的所有各电压等级规定了规划水平，并且规划水平可以认为是供电公司内部的质量指标。规划水平不大于兼容水平。由于随着网络结构和环境条件的不同而有不同的规划水平，所以只可能给出一些指标值。IEC 61000-3-6 给出的谐波电压规划水平见表 3-5，该指标不适用于控制诸如地磁暴等不可控事件产生的谐波。

表 3-5　　中压（MV）、高压（HV）和超高压（EHV）系统中谐波电压规划水平指标值

奇次谐波（非 3 倍数）			奇次谐波（3 倍数）			偶次谐波		
谐波次数	谐波电压/%		谐波次数	谐波电压/%		谐波次数	谐波电压/%	
	MV	HV-EHV		MV	HV-EHV		MV	HV-EHV
5	5	2	3	4	2	2	1.6	1.5
7	4	2	9	1.2	1	4	1	1
11	3	1.5	15	0.3	0.3	6	0.5	0.5
13	2.5	1.5	21	0.2	0.2	8	0.4	0.4
17	1.6	1	>21	0.2	0.2	10	0.4	0.4
19	1.2	1	—	—	—	12	0.2	0.2
23	1.2	0.7	—	—	—	>12	0.2	0.2
25	1.2	0.7	—	—	—	—	—	—
>25	$0.2+0.5 \times (25/h)$	$0.2+0.5 \times (25/h)$	—	—	—	—	—	—

注　总谐波畸变率（THD）为：中压系统 6.5%，高压系统 3%。

3）发射水平是畸变负荷在每一谐波（谐间波）频率的谐波（谐间波）电压（电流）。如果没有其他畸变负荷出现，那么由该负荷引起的谐波（谐间波）电压（电流）进入到电力系统中。

为了把用户的总谐波电流与发射限值相比较，测量最小周期建议为一个星期。每天最大的 95%概率的 $I_{h,vs}$ 值（在"非常短"的 3s 时段各次谐波分量的有效值）不宜超过发射限值；每个星期最大的 $I_{h,sh}$ 值（在"短"的 10min 时段各次谐波分量的有效值）不宜超过发射限值；每个星期最大的 $I_{h,vs}$ 值不宜超过 1.5～2 倍的发射限值。

实际上，一般是从有关负荷和系统的数据来评估谐波水平；由于可能有许多其他的畸变负荷出现，很难直接测量这些水平。

（2）三级评估方法的思路。

IEC 61000–3–6 提出的接受畸变负荷的评估方法取决于用户的协议功率、产生谐波设备的功率和系统特性。其目标是把来自各用户总的负荷注入的电压畸变水平限制到不超过规划水平。IEC 61000–3–6 确定了一个三级评估方法，这三个等级可以按顺序使用或独立使用，如图 3–2 所示。

第 1 级：骚扰发射的简化评估。对于用户安装小型电气设备，供电公司一般不必经过专门的谐波发射评估，即可以接受。其发射的限制一般由这些小型设备的制造商负责。

第 2 级：与实际网络特性有关的发射限值。如果某负荷不能满足第 1 级准则的要求，则应结合系统吸收谐波的能力来评估产生谐波设备的特性。系统的吸收能力是根据规划水平导出的，并且按照每个用户对系统总容量的需求分配给各个用户。在中压系统，当把规划水平分配给各用户时，也应考虑从高压系统导出的骚扰水平。

这个方法的基本原理是：如果一个系统是满负荷的，并且所有用户最多都注入各自限值的骚扰，那么总的骚扰水平将等于规划水平。

第 3 级：在特殊和根据不充足的情况下接受高的发射限值。在特殊环境下，用户可能请求把骚扰发射水平超过第 2 级允许限值的负荷接入系统。IEC 认为许多用户不会同时注入各自限值的骚扰，电力系统的容

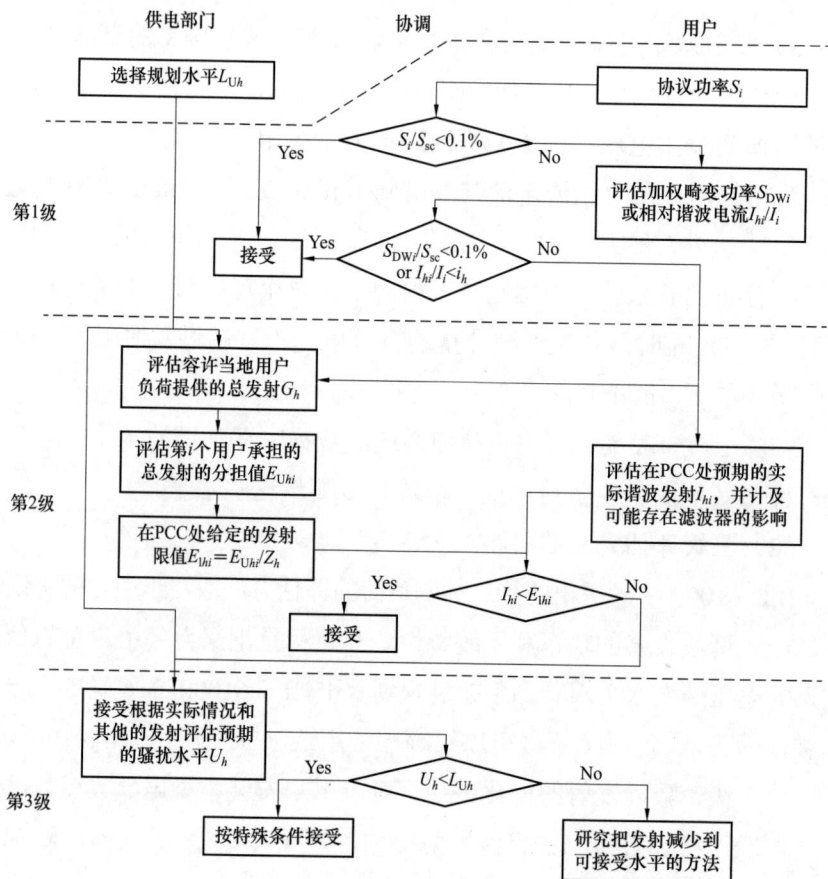

图 3-2　评估程序框图

量未得到充分利用。在这种情况下，用户和供电公司要商定一些可以接入畸变负荷的特殊条件。为了确定这些特殊的条件，必须对现有和将来的系统的特性仔细地进行研究。

（3）谐波叠加法则。

为了考虑传导骚扰的叠加，有必要采用有关各种负荷产生的骚扰叠加的假定。在谐波骚扰的情况下，在配电系统任何点上实际的谐波电压（电流）是每个谐波源的各分量矢量相加的结果。

一般使用的有两种叠加法则，第一种叠加法则应用起来比较简单，第二种叠加法则是更一般的叠加法则。

第一叠加法则：第一种叠加法则是一种利用差异因数 k_{hj} 的简单线性法则

$$U_h = U_{h0} + \sum_j k_{hj} U_{hj} \qquad (3-10)$$

式中　U_{h0}——供电网络中 h 次背景谐波电压（当第 j 个负荷未接入时在供电网络中出现的谐波电压）；

　　　U_{hj}——第 j 个负荷产生的 h 次谐波电压。

差异因数 k_{hj} 由以下条件决定：所考虑设备种类、谐波次数、所考虑设备额定功率和在公共连接点处短路功率的比值。一般情况下差异因数的示范值详见 IEC 61000-3-6，此处不再赘述。

当现有的（背景）谐波和新增加谐波的相角已经知道时，采用差异因数的方法是特别有用的。

第二叠加法则：根据经验，对于谐波电压和谐波电流可以采取更一般的叠加法则。h 次谐波合成电压表示为

$$U_h = \sqrt[\alpha]{\sum_i U_{hi}^\alpha} \qquad (3-11)$$

式中　U_h——对所考虑的一组谐波源（概率统计值）计算出的（第 h 次）合成谐波电压的值；

　　　U_{hi}——要进行合成的各单个谐波电压（第 h 次）的值；

　　　α——叠加指数。

α 主要由两个因素决定：对不超过计算值的实际值所选择的概率值、各次谐波电压的幅值和相位随机变化的程度。IEC 61000-3-6 给出的叠加指数的示范值见表 3-6。

表 3-6　　　　　　　　　　　第二叠加法则叠加指数

谐波次数	α
$h<5$	1
$5 \leqslant h \leqslant 10$	1.4
$h>10$	2

注　当已知谐波可能是同相（即相角差小于 90°）时，对 5 次及以上谐波应该用指数 $\alpha=1$。

（4）高压系统畸变负荷发射限值估算。

第 1 级：骚扰发射的简化评估。第 1 级的目标是提供一个简单判断畸变负荷接入的准则，从而避免了详细的计算。对于 HV 和超高压（EHV）系统，把允许的负荷畸变功率（S_{Di}）和 PCC 处的网络短路功率（S_{SC}）联系起来是合理的。例如可建议取式（3–12）作为第 1 级的限值

$$S_{Di}/S_{SC} \leqslant 0.1\% \sim 0.4\%（HV）或者 0.1\% \sim 0.2\%（EHV） \qquad (3\text{–}12)$$

第 2 级：相对于实际网络特性的发射限值。

（1）总可用功率的评估。令 S_i 为第 i 个设备的额定视在功率（MVA），S_t 为在 PCC 处网络的总可用功率（总供电容量），则 S_i/S_t 是以下第 2 级决定发射限值过程中的一个基本量。

第一种近似估算法：在 HV 和 EHV 网络中，当考虑一个连接到给定 HV 变电站的工业用户时，基本的数据是在最大需求目的变电站输入、输出功率的记录，并可以简单的估算为

$$S_t = \sum S_{in} = \sum S_{out} \qquad (3\text{–}13)$$

对于高压直流输电（HVDC）联络线，解决办法是分别考虑连接到变电站的所有可能的 HVDC 联络线和（静止无功补偿器）SVC，并可估算为

$$S_t = \sum S_{out} + \sum S_{HVDC} + \sum S_{SVC} \qquad (3\text{–}14)$$

其中，S_t 成为"可能畸变的总功率"，将其称为"修正的总可用功率"比称为"总供电容量"要好，而 S_{out} 不包括任何 S_{HVDC} 或 S_{SVC}。

第二种近似估算法：如果有重要的畸变负荷接入系统或者变电所附近有畸变设备，那么简化估算方法可能是不正确的。此时，不仅要考虑畸变设备本身容量，还要考虑多个畸变设备之间的相互影响。这种估算方法要比简化估算准确。

（2）单个畸变设备的发射限值。对每一谐波次数 h 将允许每个畸变设备 i 按照它的功率（$S_{i\text{-MVA}}$）与网络修正的总可用功率（S_t）之比提供一个基于规划水平（L_{hHV}）的发射限值（E_{hj}）。若考虑实际情况中若干个谐波源相加的结果一般总是比每个谐波分量最大值的算术和要小，至

少对于次数大于 4 的谐波是这种情况,则采用第 2 叠加法则时发射限值为

$$E_{\mathrm{U}hi} = L_{h\mathrm{HV}} \cdot \alpha \sqrt{\frac{S_i}{S_\mathrm{t}}} \qquad (3\text{--}15)$$

式中　$E_{\mathrm{U}hi}$——第 i 个非线性设备第 h 次谐波的发射限值;

　　　$L_{h\mathrm{HV}}$——HV 或 EHV 系统中第 h 次谐波的规划水平;

　　　S_i——用户的 MVA 额定值,或 HVDC 站的额定值(MVA),

　　　　　或 SVC 的额定值(Mvar);

　　　S_t——PCC 处修正的网络总可用功率;

　　　α——叠加法则指数。

考虑到 HV 系统负荷可能不会同时出现,此时用户谐波电压发射限值为

$$E_{\mathrm{U}hi} = L_{h\mathrm{HV}} \cdot \alpha \sqrt{\frac{S_i}{S_\mathrm{t}} \cdot \frac{1}{F_{\mathrm{HV}}}} \qquad (3\text{--}16)$$

式中　F_{HV}——同时发生畸变的 HV 负荷的同时系数,其值取决于负荷

　　　　　和系统的特性,典型值在 0.4～1.0 之间。

第 3 级:在特殊情况和根据不足的情况下接受较高的发射水平。很多用户因为没有显著数量的畸变负荷,所以并不产生显著的谐波,而且网络的某些有效的供电容量在很长的时间里从未被利用。因此,只采用第 1 级和第 2 级进行评估可能导致把谐波电压的限值制定得过分低于规划水平,从而出现了一个裕量。

为了维护 IEC 报告的基本原则和允许灵活的解释,供电公司可以在适当的时候使用这个可用的裕度,然而,只有在特殊的环境和在根据不足的条件下,才能接受高于正常发射限值的用户。

为了取消那些也许是根本不必要的投资,第 3 级评估是重要的。这就意味着对用户的接入应当进行仔细的研究,包括现有背景畸变和所考虑设备的预期发射情况,并要考虑将来扩建滤波设备的可能性。

3.2.5　电压波动和闪变

电力系统中的电压波动一般是由波动性负荷引起的，主要包括炼钢电弧炉、频繁启动的电动机负荷（如轧钢机等）、间歇用电的负荷（如电弧焊机等）。

我国国家技术监督局于 1990 年发布国标 GB 12325—1990《电能质量　电压允许波动和闪变》，其中闪变指标部分参考了日本的 ΔV_{10} 标准。在执行过程中发现该标准不太适合我国的供用电情况，因此国家技术监督局将该标准修订为 GB 12325—2000，修订过程中参考了国际电工委员会(IEC)电磁兼容(EMC)标准 IEC 61000-3-7 等。在 GB 12325—2000实施 8 年后，国家技术监督局又对其进行了修订，这就是 GB/T 12325—2008。这次修订的主要内容如下：

（1）对闪变的限值进行了调整，以长时间闪变值 P_{lt} 作为闪变的限值，较原闪变限值有一定程度的放宽。修订后标准规定电力系统公共连接点在系统正常运行的较小方式下，以一个星期（168h）为测量周期，所有长时间闪变值都应满足表 3-7 的要求。

表 3-7　　　　　　　　　　闪　变　限　值

电压等级	≤110kV	>110kV
P_{lt}	1	0.8

任何一个波动负荷用户在电力系统公共连接点单独引起的闪变值一般应满足如下要求。

电力系统正常运行的较小方式下，波动负荷处于正常、连续工作状态，以一天（24h）为测量周期，并保证波动负荷的最大工作周期包含在内，测量获得的长时间闪变值和波动负荷退出时的背景闪变值，通过式（3-17）计算获得波动负荷单独引起的长时间闪变值。

$$P_{lt2} = \sqrt[3]{P_{lt1}^3 - P_{lt0}^3}　　　　　　（3-17）$$

式中　P_{lt1}——波动负荷投入时的长时间闪变测量值；

　　　P_{lt0}——背景闪变值，是波动负荷退出时一段时期内的长时间闪变测量值；

P_{lt2}——波动负荷单独引起的长时间闪变值。

对单个波动负荷引起的闪变，根据实际情况仍分三级处理，但是有一定简化，并对超标用户提出明确的治理要求。

第一级中规定对于 HV 用户，满足（$\Delta S/S_{SC}$）$_{max}$＜0.1%，可不经闪变核算即允许接入电力系统。第二级规定波动负荷单独引起的长时间闪变值须小于该负荷用户的闪变限值。第三级规定主要针对不满足第二级规定的单个波动负荷用户，经过治理后仍超过其闪变限值，可以根据PCC 点实际闪变状况和电力系统的发展预测适当放宽限值，但是 PCC点的闪变值必须满足规定。

（2）对于电压变动频度较低或规则的周期性电压波动，仍采用现行限值作为其判据；对于随机性不规则的电压波动，规定了以电压变动的最大值作为判据。

（3）对闪变的测量持续时间、取值方法进行了调整。电力系统公共连接点的闪变采用一个星期（168h）测量，单个波动负荷引起的闪变采用一天（24h）测量，都取最大值为合格判据。

（4）对闪变的估算方法进行了简化，删除了原标准中不常用的正弦波、三角波电压波动 P_{st}=1 曲线分析法以及难以执行的仿真法和闪变时间分析法。

（5）简化了原标准附录 C。标题由"一些典型的实例分析"改为"电弧炉的闪变估算方法"，内容上删除了原有轧钢机负荷和多台绞车负荷的实例，仅保留了电弧炉负荷，而且对于电弧炉负荷的闪变分析和评估方法，用较简洁的方式给出了各种电弧炉闪变评估系数。

（6）电压波动和闪变限值的适用范围扩展到超高压（EHV）系统，但不考虑 EHV 对下一电压等级的闪变传递。原标准中对于电压波动限值的规定仅限于 220kV 及以下电压等级系统，修订后增加了"对于220kV 以上超高压系统的电压波动限值可参照高压系统执行"的条款。闪变的传递系数统一修改为推荐值 0.8。

（7）增加了闪变合格率的统计方法，以便于闪变状况的评估。该部分内容出现在标准附录 D 中，给出了闪变合格率的定义，是指实际运行电压在闪变合格范围内累计运行时间与对应的总运行统计时间的百分比，即

$$闪变合格率=\left(1-\frac{闪变超限时间}{总运行统计时间}\right)\times100\% \qquad (3-18)$$

闪变状况通常可以通过闪变合格率的统计方法进行评估。监测点闪变合格率通常以月度的时间为闪变监测的总运行统计时间。

上述为 GB/T 12325—2008 的修订内容，除此之外还有一些基本内容未作修改。如电力系统公共连接点电压波动限值，见表3-8。

表3-8　　　　　　　　电 压 变 动 限 值

r/（次/h）	d/%	
	LV、MV	HV
r≤1	4	3
1<r≤10	3	2.5
10<r≤100	2	1.5
100<r≤1000	1.25	1

电压波动可以通过电压方均根值曲线来描述，电压变动 d 和电压变动频度 r 则是衡量电压波动大小和快慢的指标。

电压变动 d 的定义为

$$d=\frac{\Delta U}{U_{N}}\times100\% \qquad (3-19)$$

式中　ΔU——电压方均根曲线上相邻两个极值电压之差；

　　　U_{N}——系统标称电压。

当电压变动频度较低而且具有周期性时，可以通过电压方均根值曲线的测量，对电压波动进行评估。单次电压变动可以通过系统和负荷参数进行估算。

GB/T 12325—2008 在附录 A 中给出了闪变的测量和计算式，并详

细介绍了 IEC 61000-4-15 推荐的闪变仪的基本原理，该闪变仪是目前国际上通用的测量闪变的仪器，其简化原理框图如图 3-3 所示。

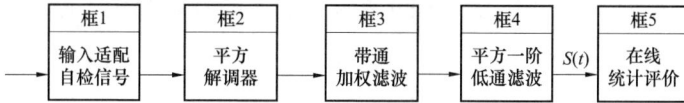

图 3-3　IEC 闪变仪模型的简化框图

框 1 为输入级，它除了用来实现把不同等级的电源电压降到适用于仪器内部电路电压值的功能外，还产生标准的调制波，用于仪器的自检。框 2、3、4 综合模拟了灯—眼—脑环节对电压波动的反应。其中框 2 对电压波动分量进行解调，获得与电压变动成线形关系的电压。框 3 的带通加权滤波器反映了人对 60W、230V 钨丝灯在不同频率的电压波动下照度变化的敏感程度，通频带为 0.05～35Hz。框 4 包含一个平方器和时间常数为 300ms 的低通滤波器，用来模拟灯—眼—脑环节对灯光照度变化的暂态非线性响应和记忆效应。框 4 的输出 $S(t)$ 反映了人的视觉对电压波动的瞬时闪变感觉水平。可对 $S(t)$ 作不同的处理来反映电力系统电压引起的闪变情况。进入框 5 的 $S(t)$ 值用积累概率函数 CPF 的方法进行分析。

3.3　电气化铁路电能质量主要指标影响因素

3.3.1　电压偏差

3.3.1.1　电压损失与电压偏差

电机机车在运行中，需要客服轮轨摩擦阻力、线路坡道阻力和空气阻力前进，其中空气阻力与速度的二次方成正比。列车高速运行时，空气阻力成为列车运行的主要阻力，需要持续从接触网取得电能，此时列车的负载率高，受电时间长。列车高速行驶时，机车所需的牵引功率大幅增加。特别在早、晚时段和节假日的高峰客流期，需要组织大编组、高密度运输，甚至在短时形成紧密追踪，这样也可能造成公共连接点的电压偏差问题。电力机车牵引电动机具有额定电压，当牵引网电压下降到某种程度时，即使电力机车的调速手柄提高到最高位，也不能使牵引电动机的端电压达到额定值，电力机车就不能以正常功率运行，辅助机组不能正常工作，在再生制动时很容易造成逆变失控。这时，牵引网电压降低就影响到机车功率的正常发挥。

根据 GB 1402《铁道干线电力牵引交流电压》规定，牵引变电所牵引侧母线上的额定电压为 27.5kV，AT 供电方式为 55kV；电力机车、动车组受电弓和接触网的额定电压为 25kV，短时允许电压为 29kV（在牵引供电系统因改变运行方式或电力系统电压波动时可能出现的持续时间不大于 5min 的电压最大值）；电力机车、动车组受电弓上最低工作电压为 20kV，在供电系统非正常（检修或事故）情况下运行时，受电弓上的电压不得低于 19kV，瞬时最小值为 17.5kV（在牵引供电系统因故障或越区供电时可能出现的持续时间不大于 10min 的电压最小值）。

牵引负荷引起的电压损失主要受牵引网的电压损失、牵引变电所牵引变压器的电压损失以及电力系统的电压损失制约。假设牵引变压器牵引端口的空载电压为 29kV，则牵引网的最低电压水平为

$$U_{\min} = 29 - \Delta U_S - \Delta U_T - \Delta U_L \tag{3-20}$$

式中　ΔU_S ——电力系统的电压损失，kV；

$\quad\quad\ \Delta U_T$ ——牵引变压器的电压损失，kV；

$\quad\quad\ \Delta U_L$ ——牵引网的电压损失，kV。

电气化铁路是典型的波动负载，引起的电压波动较大。为保证电气化铁路牵引负荷的正常运行，保证牵引变电所接入系统公共连接点（PCC）处其他负荷的电压水平，首先要保证牵引负荷在系统所带来的电压损失 ΔU_S 足够小，从而保证公共连接点电压水平的稳定。为了保证电力机车受电弓上的最低电压水平在正常情况下为 20kV，在非正常情况下不低于 19kV，通常要求电力系统的电压损失不超过其系统额定电压的 10%。

如图 3–4 所示，如有一个电流 $\dot{I}$ 通过等值阻抗为 Z 的线路，以末端电压 $\dot{U}'$ 为参考相量，流过等值阻抗的负荷电流为 $\dot{I} = I \angle -\varphi$，则电压降落 $\Delta\dot{U}$ 为

$$\Delta\dot{U} = \dot{U} - \dot{U}' = (R + jX)I \angle -\varphi \tag{3-21}$$

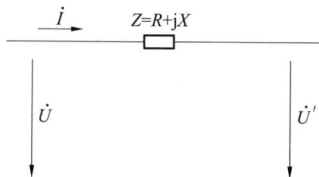

图 3–4　等值阻抗首末端电压的示意图

等值阻抗首末端电压与电流的相量如图 3–5 所示。图中 φ 为负荷 $\dot{I}$ 的功率因数角，θ 为线路首末端电压相量夹角。因 θ 值 $\left[\theta = \arctan\left(\dfrac{XI\cos\varphi - RI\sin\varphi}{U' + RI\cos\varphi + XI\sin\varphi}\right)\right]$ 一般很小，不超过 $3° \sim 5°$，所以在工程计算上，可以近似地计算电压损失 ΔU（$\Delta\dot{U}$ 在 $\dot{U}'$ 上的投影）。

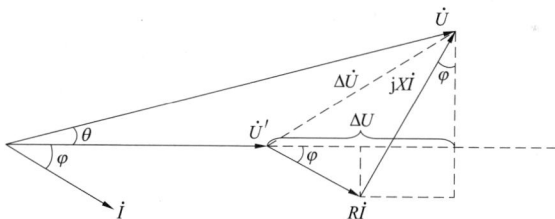

图 3–5　电压降和电压损失图示

电压损失 ΔU 为

$$\Delta U = |\dot{U}| - |\dot{U}'| = U - U' \approx \mathrm{Re}[\Delta\dot{U}] = RI\cos\varphi + XI\sin\varphi \tag{3-22}$$

在高压输电线路和变压器的等值电路中，等值电阻远远小于电抗（$R \ll X$），因此工程计算中又可以将等值电阻所带来的电压损失忽略，于是，电压损失的计算公式进一步简化为

$$\Delta U \approx XI\sin\varphi = \frac{XU_{\mathrm{N}}I\sin\varphi}{U_{\mathrm{N}}} = \frac{XQ}{U_{\mathrm{N}}} \tag{3-23}$$

其中，无功功率

$$Q = U_N I \sin\varphi = U_N I \sqrt{1 - \cos^2\varphi} \qquad （3-24）$$

因此，相同负载电流情况下，忽略电压的波动，负载的功率因数越低，所需要的无功功率越大，无功功率经过等值电抗传输所带来的电压损失越大。要降低电压损失，提高线路的电压水平，可以从两个方面考虑，一是降低输电环节各元件的等值电抗，二是提高负载的功率因数。

3.3.1.2 系统短路容量与电压偏差

从牵引变电所高压进线处往系统侧看进去的等值电抗为

$$X_\Sigma = \frac{U_{N1}^2}{S_{SC}} \qquad （3-25）$$

式中　　U_{N1}——牵引变电所高压进线处的额定电压，kV；

　　　　S_{SC}——高压进线处的三相短路容量，MVA。

如果认为公共连接点处系统等值电源电压为额定电压，则该点的电压偏差

$$\Delta U' = \frac{\Delta U}{U_N} \times 100 = \frac{X_S I \sin\varphi}{U_N} \times 100 = \frac{(\sqrt{3}U_N)^2 / S_{SC}}{U_N} \times I \sin\varphi \times 100$$

$$= \frac{S_T \times \sin\varphi}{10 \times S_{SC}} \quad （\%）$$

由上式可知，保证供电电压偏差满足国家标准要求可以通过以下两条途径来实现：

（1）电力系统中传输的无功功率尽可能小。

（2）为负荷端口选择三相短路容量尽可能大的系统电源。

系统等值阻抗与电力系统的短路容量的成反比，而系统的短路容量同电力系统的发电容量有关，还同负载中心所在地点有关。一般电力系统的发电容量越大，短路容量越大；负载中心距离电力系统电源越远，短路容量越小。因此，要提高牵引变电所高压进线处的电压水平，在牵引变电所选址时尽可能地选择系统等值阻抗小的系统电源。

另外，交—直型电力机车功率因数较低，平均功率因数约为0.80，

此外，牵引网阻抗的影响使牵引负荷在牵引网上的有功和无功损失之比小于 1，因此功率因数还要再降低 0.01～0.05，同时，牵引变压器阻抗的影响使牵引变电所高压侧的功率因数还要降低 0.05。交—直—交型机车功率因数较交直型机车有较大提高，在牵引与制动的整个功率范围内，网侧的功率因数接近于 1（0.97 以上），因此，可以通过机车类型的选择或者设置并联补偿装置提高整个牵引变电所的功率因数，从而提高牵引变电所高压进线处的电压水平。

由此可见，维持良好的供电电压水平，取决于供电部门和电力用户双方的共同努力。

除了选择短路容量足够大的系统电源、提高牵引变电所功率因数来保证牵引变电所进线处的电压水平之外，还要从电气化铁路自身考虑，降低牵引网的电压损失 ΔU_L 和牵引变压器电压损失 ΔU_T。牵引网电压损失和牵引变压器压损与系统短路容量无关。根据公式（3-4），可以考虑以下改善措施：

（1）通过供电方式的选择，即采用低阻抗的牵引网结构，降低牵引网的电压损失。

（2）从变压器的制造上降低短路电压百分比，降低牵引变压器的电压损失。

（3）交—直—交型机车或动车组逐渐取代交—直型整流机车，从而提高负载的功率因数，降低牵引变压器和牵引网的电压损失。

（4）采用并联补偿措施提高牵引变电所的功率因数，降低牵引变压器的电压损失。

3.3.2　电压不平衡度

电气化铁路牵引供电系统取电于三相电力系统，经过牵引变压器输出两个单相端口为单相负荷，即为电力机车或动车组供电。牵引供电系统的三相—两相结构和牵引负荷的独立性、波动性决定了电气化铁路作为电力系统的大宗工业用户是不对称负荷，其负序存在是必然的。下面给出常用的不同接线牵引变压器负序电流的计算方法。

3.3.2.1　不同接线牵引变电所负序电流计算

定义端口 p（包括牵引端口和并联补偿电容器组端口）的变比 k_p：

牵引侧端口 p 电压与一次侧线电压 $\sqrt{3}U_A$ 之比为，即

$$k_p = \frac{U_p}{\sqrt{3}U_A}, \quad p = 1, 2, \cdots, n \qquad (3-26)$$

通常牵引侧各端口电压相等，则 $k_p = k_T$，$p = 1, 2, \cdots, n$。

定义端口 p 的接线角 ψ_p：$\dot{U}_p$ 滞后 $\dot{U}_A$ 的相位，即

$$\dot{U}_p = U_p \mathrm{e}^{-\mathrm{j}\psi_p} = \sqrt{3}U_A K_p \mathrm{e}^{-\mathrm{j}\psi_p}, \quad p = 1, 2, \cdots, n$$

则不同接线牵引变压器各端口的接线角见表 3–9。

表 3–9　　　　　　不同接线牵引变压器各端口的接线角

相别 p	a	b	c	ab	bc	ca
接线角 ψ_p	0°	120°	−120°	−30°	90°	180°

（1）YNd11 牵引变电所负序电流计算。

以 $\dot{U}_A$ 为基准相量，负荷 $\dot{i}_a$ 单独作用时，根据 YNd11 变压器一、二次电流变换关系，将二次牵引端口电流归算到一次侧三相系统中，再用对称分量法求得一次侧 A 相负序电流

$$\dot{i}_a^{(-)} = \frac{1}{3}[1 \quad a^2 \quad a]\begin{bmatrix} \dot{i}_A \\ \dot{i}_B \\ \dot{i}_C \end{bmatrix} = \frac{1}{3}[1 \quad a^2 \quad a]\frac{1}{\sqrt{3}k_T}\begin{bmatrix} 2 \\ -1 \\ -1 \end{bmatrix}\dot{i}_a = \frac{1}{\sqrt{3}k_T}I_a \angle{-\varphi_a}$$

$$(3-27)$$

负荷 $\dot{i}_b$ 单独作用时，一次侧 A 相负序电流

$$\dot{i}_b^{(-)} = \frac{1}{3}[1 \quad a^2 \quad a]\begin{bmatrix} \dot{i}_A \\ \dot{i}_B \\ \dot{i}_C \end{bmatrix} = \frac{1}{3}[1 \quad a^2 \quad a]\frac{1}{\sqrt{3}k_T}\begin{bmatrix} -1 \\ 2 \\ -1 \end{bmatrix}\dot{i}_b = \frac{1}{\sqrt{3}k_T} \angle{120° - \varphi_b}$$

$$(3-28)$$

负荷 $\dot{i}_c$ 单独作用时，一次侧 A 相负序电流

$$\dot{I}_{c}^{(-)} = \frac{1}{3}[1 \quad a^2 \quad a]\begin{bmatrix} \dot{I}_A \\ \dot{I}_B \\ \dot{I}_C \end{bmatrix} = \frac{1}{3}[1 \quad a^2 \quad a]\frac{1}{\sqrt{3}k_T}\begin{bmatrix} -1 \\ -1 \\ 2 \end{bmatrix}\dot{I}_c = \frac{1}{\sqrt{3}k_T}\angle -120° - \varphi_c$$

$$（3-29）$$

（2）Vv 和 Ii（纯单相）接线牵引变电所负序电流计算。

仍以 $\dot{U}_A$ 为基准相量，供电臂电压取 $\dot{U}_{ab}$、$\dot{U}_{bc}$、$\dot{U}_{ca}$ 中任一个。

当负荷为 $\dot{I}_{ab}$ 时，$\dot{I}_{ab} = I_{ab}\angle 30° - \varphi_{ab}$，一次侧 A 相负序电流

$$\dot{I}_{ab}^{(-)} = \frac{1}{3}[1 \quad a^2 \quad a]\begin{bmatrix} \dot{I}_A \\ \dot{I}_B \\ \dot{I}_C \end{bmatrix} = \frac{1}{3}[1 \quad a^2 \quad a]\begin{bmatrix} 1 \\ -1 \\ 0 \end{bmatrix} \cdot \frac{1}{k_T}\dot{I}_{ab} = \frac{I_{ab}}{\sqrt{3}k_T}\angle 60° - \varphi_{ab}$$

$$（3-30）$$

当负荷为 $\dot{I}_{bc}$ 时，$\dot{I}_{bc} = I_{bc}\angle -90° - \varphi_{bc}$，一次侧 A 相负序电流

$$\dot{I}_{bc}^{(-)} = \frac{1}{3}[1 \quad a^2 \quad a]\begin{bmatrix} \dot{I}_A \\ \dot{I}_B \\ \dot{I}_C \end{bmatrix} = \frac{1}{3}[1 \quad a^2 \quad a]\begin{bmatrix} 0 \\ 1 \\ -1 \end{bmatrix} \cdot \frac{1}{k_T}\dot{I}_{bc} = \frac{I_{bc}}{\sqrt{3}k_T}\angle 180° - \varphi_{bc}$$

$$（3-31）$$

当负荷为 $\dot{I}_{ca}$ 时，$\dot{I}_{ca} = I_{ca}\angle 150° - \varphi_{ca}$，同理可求得一次侧负序电流

$$\dot{I}_{ca}^{(-)} = \frac{1}{3}[1 \quad a^2 \quad a]\begin{bmatrix} \dot{I}_A \\ \dot{I}_B \\ \dot{I}_C \end{bmatrix} = \frac{1}{3}[1 \quad a^2 \quad a]\begin{bmatrix} -1 \\ 0 \\ 1 \end{bmatrix} \cdot \frac{1}{k_T}\dot{I}_{ca} = \frac{I_{ca}}{\sqrt{3}k_T}\angle -60° - \varphi_{ca}$$

$$（3-32）$$

（3）平衡变压器负序电流。

以 Scott 接线变压器为例，两个牵引端口分别对应 ab 相和 c 相，根据 Scott 变压器一、二次电流变换关系

$$\begin{bmatrix} \dot{I}_A \\ \dot{I}_B \\ \dot{I}_C \end{bmatrix} = \frac{1}{\sqrt{3}k_T}\begin{bmatrix} -1 & \sqrt{3} \\ -1 & -\sqrt{3} \\ 2 & 0 \end{bmatrix}\begin{bmatrix} \dot{I}_c \\ \dot{I}_{ab} \end{bmatrix}$$

当 $\dot{I}_c$ 单独作用时，以 $\dot{I}_c^{(0)}$、$\dot{I}_c^{(+)}$、$\dot{I}_c^{(-)}$ 表示 $\dot{I}_c$ 在一次侧 A 相产生的零序、正序、负序分量

$$\begin{bmatrix} \dot{I}_c^{(0)} \\ \dot{I}_c^{(+)} \\ \dot{I}_c^{(-)} \end{bmatrix} = \frac{1}{3} \times \frac{1}{\sqrt{3}k_T} \dot{I}_c \begin{bmatrix} 1 & 1 & 1 \\ 1 & a & a^2 \\ 1 & a^2 & a \end{bmatrix} \begin{bmatrix} -1 \\ -1 \\ 2 \end{bmatrix}$$

$$= \frac{1}{\sqrt{3}k_T} \dot{I}_c \begin{bmatrix} 0 \\ a^2 \\ a \end{bmatrix} = \frac{1}{\sqrt{3}k_T} I_c \begin{bmatrix} 0 \\ 1\underline{/-\varphi_c} \\ 1\underline{/-120°-\varphi_c} \end{bmatrix}$$

分析结果其产生的各序分量与三相变压器 $\dot{I}_c$ 单独作用时相同。

当 $\dot{I}_{ab}$ 单独作用时，以 $\dot{I}_{ab}^{(0)}$、$\dot{I}_{ab}^{(+)}$、$\dot{I}_{ab}^{(-)}$ 表示 $\dot{I}_{ab}$ 在一次侧 A 相产生的零序、正序、负序分量

$$\begin{bmatrix} \dot{I}_{ab}^{(0)} \\ \dot{I}_{ab}^{(+)} \\ \dot{I}_{ab}^{(-)} \end{bmatrix} = \frac{1}{3} \times \frac{1}{\sqrt{3}k_T} \dot{I}_{ab} \begin{bmatrix} 1 & 1 & 1 \\ 1 & a & a^2 \\ 1 & a^2 & a \end{bmatrix} \begin{bmatrix} \sqrt{3} \\ -\sqrt{3} \\ 0 \end{bmatrix}$$

$$= \frac{1}{\sqrt{3}k_T} \dot{I}_{ab} \begin{bmatrix} 0 \\ 1\underline{/-30°} \\ 1\underline{/30°} \end{bmatrix} = \frac{1}{\sqrt{3}k_T} I_{ab} \begin{bmatrix} 0 \\ 1\underline{/-\varphi_{ab}} \\ 1\underline{/60°-\varphi_{ab}} \end{bmatrix}$$

分析结果其产生的各序分量与单相变压器 $\dot{I}_{ab}$ 单独作用时相同。

不同接线牵引变压器各端口的接线角和单独作用时所产生的负序电流相位如表 3-10 所示。

表 3-10　　　　　　　不同相别端口负荷所产生的负序电流相角

相别 p	A	B	C	AB	BC	CA
接线角 ψ_p	0°	120°	−120°	−30°	90°	180°
负序分量相角	$-\varphi_p$	$120°-\varphi_p$	$-120°-\varphi_p$	$60°-\varphi_p$	$180°-\varphi_p$	$-60°-\varphi_p$

总结不同接线牵引变压器某端口负荷单独作用时所产生的负序电流通用表达式为

$$i^- = \frac{1}{\sqrt{3}} k_T i_p \mathrm{e}^{-\mathrm{j}(2\psi_p + \varphi_p)} \tag{3-33}$$

则按照叠加原理，牵引变压器各端口负荷（包括牵引负荷和并联补偿装置）共同作用产生的总负序电流通用表达式为

$$i^- = \frac{1}{\sqrt{3}} k_T \sum_{p=1}^{n} i_p \mathrm{e}^{-\mathrm{j}(2\psi_p + \varphi_p)} \tag{3-34}$$

3.3.2.2 三相电压不平衡度

根据 GB/T 15543—2008《电能质量　三相电压不平衡》的规定，电力系统公共连接点的正常电压不平衡度允许值为 2%，短时不得超过 4%。牵引负荷在牵引变电所高压侧引起的三相电压不平衡度近似计算如式（3-3）所示。

由于 I_2 与进线标称电压成反比，而且 $\varepsilon_u \propto \dfrac{1}{S_{SC}}$，即当牵引负荷和牵引变压器接线方式一定时，变电所高压侧的三相电压不平衡度近似与高压进线的短路容量成反比，而与进线电压无关。三相电压不平衡度与负序功率成正比，负序功率与牵引负荷的大小、牵引变压器的接线类型等因素有关。在负序功率一定的情况下，三相电压不平衡度只与公共连接点的短路容量有关，短路容量越大，系统承受负序影响的能力越强。

以某城际铁路为例，采用交—直—交型电力机车，设计速度 350km/h，运营速度 300km/h，全线（复线）采用单相接线牵引变电所，最大单相负荷功率为 81.9MVA，则：

（1）当牵引变电所接入 220kV 电力系统时，系统短路容量取 5000MVA，则电压三相不平衡度为

$$U_c\% = \frac{S_e}{S''} \times 100\% = \frac{81.9}{5000} \times 100\% = 1.638\%$$

式中　S_e ——牵引变电所最大负荷功率，MVA；

S'' ——接入点电力系统的短路容量，MVA。

（2）当牵引变电所接入110kV电力系统时，系统短路容量取2000MVA，则电压三相不平衡度为

$$U_c\% = \frac{S_e}{S''} \times 100\% = \frac{81.9}{2000} \times 100\% = 4.095\%$$

可见，三相电压不平衡度与牵引变电所接入点的电力系统短路容量成反比，电力系统短路容量越大，电压不平衡度越小。同时，三相电压不平衡度与牵引变电所的负序电流成正比。通过选择牵引变压器接线形式，可以减少负序电流，进而降低三相电压不平衡度。众所周知，三相—两相平衡变压器能够把两相对称系统转换为三相对称系统，在很多情况下，采用平衡变压器可大大减小注入电力系统的负序电流，使其满足 GB/T 15543—2008 的要求。

现行电气化铁路实施换相接入电力系统，这是行之有效的、从整体上降低负序对电力系统影响的举措。虽然在设计中通过换相已经考虑到尽量使多列车均匀地在三相上取流，使其产生的负序电流可以相互抵消，但由于牵引负荷的随机波动性，剩余的负序电流依然存在，并将在整个电力系统流动，而对应的各个母线或 PPC 处的三相电压不平衡度应满足国标要求。

3.3.3　谐波电压

根据 GB/T 14549—1993，变电所高压侧的 h 次谐波电压含有率由下式近似计算

$$HRU_h = \frac{\sqrt{3}hU_N I_h}{10S_k} \tag{3-35}$$

式中　U_N ——电力系统标称电压，kV；

　　　I_h ——变电所注入电力系统的 h 次谐波电流，计算取最大一相值，A；

　　　S_k ——变电所进线短路容量，MVA。

在牵引负荷和牵引变压器接线方式不变的情况下

$$I_h \propto \frac{1}{U_{\mathrm{N}}}$$

则可得 $HRU_h \propto \dfrac{1}{S_{\mathrm{k}}}$ 。

由此说明：当牵引负荷和牵引变压器接线方式一定时，变电所高压侧的电压单次谐波含有率和总谐波畸变率近似与高压进线的短路容量成反比，而与进线电压无关。但因通常情况下，220kV 电力系统的短路容量比 110kV 电力系统大，因此当电气化铁路接入 220kV 电压等级时，其综合谐波电压畸变率理论上应低于 110kV 接入方案。

3.3.4　谐波谐振与放大

我国目前使用的电力机车大多还是交—直型的，如 SS4、SS9、8K 和 6K 等。交—直型电力机车主电路一般采用晶闸管分段相控方式。当导通角不同时，其波形变化很大，它的谐波含量变化也较大，典型工况下的谐波电流含有率如图 3-6 所示。

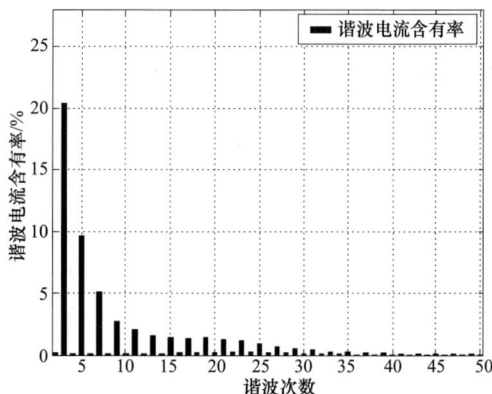

图 3-6　交—直型电力机车典型工况下的谐波电流含有率

随着我国高速铁路、客运专线及重载铁路的飞速发展，交直交型动车组和大功率电力机车的应用也日益广泛。我国目前高速铁路和客运专线上运行的高速动车组主要为 CRH（China Railways High-speed）系列，目前主要有 CRH1、CRH2、CRH3 和 CRH5 四种。

CRH2 动车组典型工况下谐波电流含有率如图 3–7 所示。

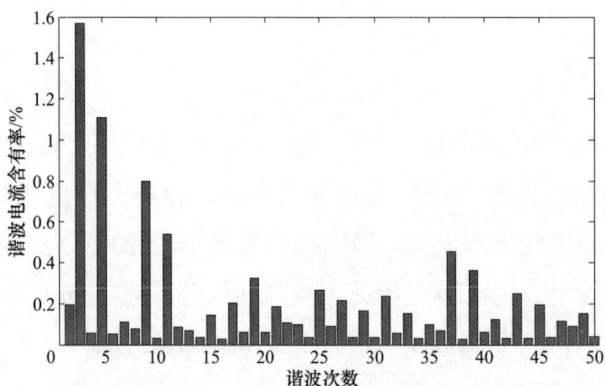

图 3–7　CRH2 动车组谐波电流含有率

交—直型电力机车采用了相控整流方式，其正常工作时产生的谐波含有率较高，对电力系统造成的影响较大；相对而言，交—直—交型动车组和大功率电力机车采用脉宽调制整流，使电流波形逼近正弦波，且电流与电压的相位基本相同。交—直—交型机车的谐波含量很小、功率因数高，克服了交—直型机车功率因数低、谐波含量丰富的缺点，从根本上解决了电气化铁路牵引供电系统功率因数和谐波问题，减少了对电力系统电压偏差和谐波两项电能质量指标的影响。但交—直—交型机车的谐波频谱更宽，当高频段的谐波电流频率与牵引供电系统的自然频率发生重叠时，易引发牵引供电系统高次谐波谐振，使电压、电流严重畸变，造成系统过电压、过电流，影响列车的安全运行。

高速铁路牵引供电系统是一个无源多端口网络，主要由牵引网、AT 所、牵引变电所以及机车构成。机车运行时，从机车向供电系统方向看，牵引网和牵引变电所可以看成一端口网络，等效电路如图 3–8 所示，牵引网长度为 l，机车离牵引变电所的距离为 x，Z_1 为机车左侧牵引供电系统等效阻抗，Z_2 为机车右侧牵引供电系统等效阻抗，Z_s 为牵引变电所变压器及系统侧折算到牵引侧的阻抗。I_T 为机车电流，I_1

为机车电流中流向牵引变电所方向的电流，I_2 为流向分区所方向的电流。

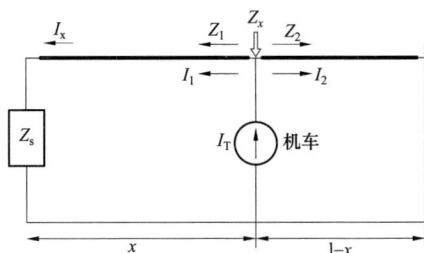

图 3-8　牵引网等效电路

牵引网作为分布参数系统，可采用 π 型等效电路对机车两侧的牵引网进行等效，牵引网等效电路如图 3-9 所示。

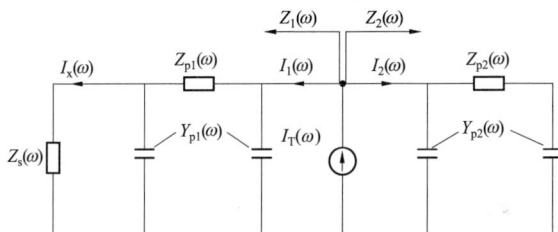

图 3-9　牵引网 π 型等效电路

根据 π 型等效电路计算公式得到各部分的表达式为

$$
\begin{cases}
Z_{p1}(\omega) = Z_0 \sinh[\gamma(\omega) \cdot x] \\
Y_{p1}(\omega) = \dfrac{1}{Z_0} \tanh\left[\gamma(\omega) \cdot \dfrac{x}{2}\right] \\
Z_{p2}(\omega) = Z_0 \sinh[\gamma(\omega) \cdot (l-x)] \\
Y_{p2}(\omega) = \dfrac{1}{Z_0} \tanh\left[\gamma(\omega) \cdot \dfrac{(l-x)}{2}\right] \\
Z_0(\omega) = \sqrt{(R + j\omega L)/j\omega C} \\
\gamma(\omega) = \sqrt{j\omega C \cdot (R + j\omega L)}
\end{cases}
\tag{3-36}
$$

式中　$Z_0(\omega)$ 和 $\gamma(\omega)$——线路特性阻抗和传播系数。

从机车处看入，两侧的等效阻抗分别为

$$Z_1(\omega) = \left[\frac{1}{Y_{p1}(\omega)} // Z_S(\omega) + Z_{p1}(\omega) \right] // \frac{1}{Y_{p1}(\omega)} \quad （3-37）$$

$$Z_2(\omega) = \left[Z_{p2}(\omega) + \frac{1}{Y_{p2}(\omega)} \right] // \frac{1}{Y_{p2}(\omega)} \quad （3-38）$$

由式（3-37）和式（3-38）可以得到系统的等效阻抗为

$$Z_x(\omega) = Z_1(\omega) // Z_2(\omega)$$
$$= \frac{Z_0(\omega)\cosh[\gamma(\omega)\cdot(l-x)]\cdot\{Z_S(\omega)\cosh[\gamma(\omega)\cdot x]+Z_0(\omega)\sinh[\gamma(\omega)\cdot x]\}}{Z_S(\omega)\sinh[\gamma(\omega)\cdot l]+Z_0(\omega)\cosh[\gamma(\omega)\cdot l]}$$

$$（3-39）$$

由式（3-39）可以看出，在某一频率 ω_r 下，可使 $Z_S(\omega_r)\sinh\gamma(\omega_r)\cdot l +$ $Z_0(\omega_r)\cosh\gamma(\omega_r)\cdot l] = 0$，牵引网等效阻抗 $Z(\omega_r) \to \infty$，则 ω_r 为牵引网的自然谐振频率；由 $U(\omega_r) = Z_x(\omega_r)\cdot I_T(\omega_r)$ 可知，此时注入谐波电流，会产生极高的谐波电压，造成牵引网电压严重畸变。

根据电流关系可得，流向牵引变电所方向的电流 $I_1(\omega)$ 为

$$I_1(\omega) = I_T(\omega)\frac{Z_2(\omega)}{Z_1(\omega)+Z_2(\omega)}$$
$$= I_T(\omega)\frac{\{Z_S\cosh[\gamma(\omega)\cdot x]+Z_0\sinh[\gamma(\omega)\cdot x]\}\cdot\cosh[\gamma(\omega)\cdot(l-x)]}{Z_S\sinh\gamma[(\omega)\cdot l]+Z_0(\omega)\cosh[\gamma(\omega)\cdot l]}$$

$$（3-40）$$

当 $I_1(\omega)$ 沿牵引网传输到变电所出口处时电流 $I_x(\omega)$ 为

$$I_x(\omega) = I_1(\omega)\frac{Z_0(\omega)\cosh\gamma(l-x)}{Z_S\sinh\gamma[(\omega)\cdot l]+Z_0(\omega)\cosh[\gamma(\omega)\cdot l]} \quad （3-41）$$

比较 $I_x(\omega)$ 和 $I_1(\omega)$ 可知，当机车向牵引网注入的谐波频率 ω 等于或接近于牵引网的自然谐振频率 ω_r 时将使得 $Z_S(\omega_r)\sinh\gamma[(\omega_r)\cdot l]+Z_0(\omega_r)$ $\cosh\gamma[(\omega_r)\cdot l] \to 0$，引发牵引网谐振，相应频率的谐波发生放大现象。

3.4 电气化铁路电能质量实例分析

3.4.1 实测案例 1

3.4.1.1 测试地点

2006~2008 年，铁道部组织了一次大规模的电能质量测试，涉及各个铁路局、覆盖 11 个省网公司 100 余个牵引变电所。这次电能质量测试以测试对象多样化、典型化为原则，考虑了不同线路条件、不同线路负荷、不同接线形式牵引变压器、不同电压等级和短路容量等方面的因素。为比较同一变电所在不同负荷类型情况下的电能质量情况，部分变电所还进行了不同时段的对比测试。这次测试将铁路分为单线铁路、运量小的复线铁路和运量大的复线铁路 3 种，这 3 种铁路主要是负荷大小与负荷紧密性上存在差别；线路条件上选取了山区铁路、平原铁路；牵引变压器接线形式主要包括 Scott、阻抗匹配平衡变压器、YNd11、Vv 接线；接入电压等级有 110kV 和 220kV，既有短路容量大、电力系统较发达地区的电气化铁路，也包括了短路容量较小、系统较弱地区的电气化铁路；负荷类型有交—直型机车、交—直—交型机车、交—直—交型机车与交—直型机车混跑 3 种形式。因此，本次测试基本涵盖了各种类型的电气化铁路，测试对象具有典型性、多样性的特点，基本能够代表电气化铁路电能质量问题的现状。

3.4.1.2 测试结果分析

鉴于测试数据较多，不能一一列出，选择有代表性的几组数据加以说明。

（1）负序测试。在测试的 100 余个牵引变电所中，包括重载铁路大秦线的两个牵引变电所。大秦铁路起于山西省大同市，止于河北省秦皇岛市，纵贯山西、河北、北京、天津，全长 653km，是中国西煤东运的主要通道之一。尽管该牵引变电所采用了平衡接线牵引变压器，但是负序严重超标。作为我国运煤专线，前往秦皇岛的重载列车是下坡，而返回的列车则是轻载或空载的，这将对三相不平衡产生严重的影响。

大秦线 2 个牵引变电所三相电压不平衡度见表 3-11。

表 3-11　　　　　　大秦线某牵引变电所三相电压不平衡度

变电所名称	电压不平衡度95%概率大值/%	电压不平衡度最大值/%
变电所 1	10.28	15.91
变电所 2	3.92	5.87

变电所 1 是测试牵引变电所中负序超标最严重的。

（2）谐波测试。由于交—直型和交—直—交型机车的谐波特性不同，下面分别给出这两种类型机车的测试结果。

交—直型机车谐波测试 I 结果选择本次测试的昆明铁路局某 3 个牵引变电所为例进行说明。该线属单线电气化铁路，机车类型为交—直型，牵引变电所一次侧谐波电压总畸变率见表 3-12。

表 3-12　　　　　牵引变电所一次侧谐波电压总畸变率（%）

变电所名称	相别	95%概率大值	最大值
变电所 1	A 相	3.21	5.07
	B 相	2.22	3.25
	C 相	2.0	6.44
变电所 2	A 相	1.09	2.23
	B 相	2.38	3.64
	C 相	2.01	2.94
变电所 3	A 相	1.43	3.57
	B 相	1.78	4.29
	C 相	4.01	6.17

交—直—交型机车谐波测试结果以 CRH 系列的交—直—交型高速列车为例进行说明。在某高速铁路测试了线路在单车和多车运行情况下

的系统侧三相谐波电压总畸变率，见表 3–13 和表 3–14。

表 3–13　　　　　单车条件下的变电所 220kV 侧电压畸变率

	A 相	B 相	C 相
95%概率大值/%	0.636 2	0.72	0.61
最大值/%	0.997 6	1.03	1.00

表 3–14　　　　　多车情况下 220kV 侧电压畸变率

	A 相	B 相	C 相
95%概率大值/%	0.44	0.48	0.43
最大值/%	0.65	0.90	0.86

3.4.1.3　测试小结

（1）电气化铁路引起的三相不平衡问题在不同地区表现各异，在电力系统较强，且行车密度较大的变电所，不平衡度较小，基本能够满足国家标准的要求，在系统较弱的地区不平衡度易超标，换句话说，不平衡度和系统的短路容量相关性较强。特别地，在系统较弱，且行车密度小，牵引供电臂常出现一臂有负荷，另一臂无负荷的情况，不平衡问题较突出。一个未来可能面临的问题是，随着机车速度的提升，单供电臂存在负荷的情况将会增加，这种情况可能使得负序问题突出，是需要引起注意的一个问题。

（2）电气化铁路的谐波问题历来受到电力系统和铁路部门的高度重视，争议也较多。可喜的是，随着电力电子技术的快速发展和高速铁路及重载铁路的建设，交—直型电力机车已经停产，继之而来的交—直—交型动车组和大功率交—直—交型货运电力机车产生的谐波已得到根本性改善。但是，由于交—直型机车依然在大量运用，短期内很难被交—直—交型机车完全替代，因此谐波问题在相当长一段时间内仍将存在。按照 GB/T 14549—1993《电能质量　公用电网谐波》规定的谐波电压和谐波电流的双重考核标准，很少有牵引变电所的谐波符合要求，特别是按照谐波电流标准执行，几乎所有牵引变电所都不合格。若只按照 GB/T 14549—1993 规定的谐波电压考核，仍然有大部分牵引变电所不符合要求。从整体上看，在短路容量较小的 110kV 电压等级的系统下，谐波问题更为突出，谐波电压不合格率较高，而在 220kV 电压等级的系统下，谐波电压合格率高得多，这主要得益于强大系统的支持。

（3）通过大量测试数据表明，电力系统提供给电气化铁路的三相系统电压偏差基本满足要求，电压偏差问题不再是电气化铁路面临的主要问题。在系统较强的华北、东北、华东地区，电压偏差情况普遍较好。在部分电力系统薄弱的地区，电压偏差略大，除少数变电所外，基本能够满足电气化铁路的需要。

3.4.2　实测案例 2

（1）测试地点。

2010 年西南交通大学联合上海铁路局，对浙江电网境内 19 个牵引变电所进行了测试，主要目的是为了掌握浙江电气化铁路牵引供电系统的谐波电压、负序电压水平等主要指标，了解牵引负荷的特性，为牵引供电系统电能质量评估提供参考。

本次测试的 19 个变电所中，仅有绍兴东等 3 个牵引变电所外部电源采用 110kV 供电，剩余 16 个变电所外部电源全为 220kV。其中，浙赣线和沪杭线为既有电气化铁线路，温福线和萧甬线为 2008 年投入运营的客运专线。除温福线运行的是交—直—交型动车组外，其他各条线路均是交—直型和交—直—交型动车混跑形式。

牵引变电所牵引变压器接线方式有 Vv 接线、单相接线、平衡接线和采用由两台单相变压器组成的 Vx 接线方式。

（2）测试结果分析。

由于本次测试的 19 个牵引变电所变压器接线方式有所差别，测得的实际数据和分析结论不能一概而论。但是通过分析可以发现：采用同种接线方式牵引变压器的变电所各种电能质量指标大体相同。

牵引变电所采用 Vv 接线牵引变压器（共测试 3 个牵引变电所），对实测数据分析可以得出以下结论：3 个牵引变电所 220kV 进线三相电压均在 127～137kV 之间，电压偏差符合 GB/T 12325—2008 规定，供电臂 α 臂和 β 臂电压均在正常范围内；3 个变电所的功率因数在无功反送正计的计量方式下均大于 0.9；不考虑背景谐波的影响，3 个牵引变电所进线各次谐波电压含有率和电压总谐波畸变率满足 GB/T 14549—1993 要求；3 个牵引变电所进线三相电压不平衡度满足 GB/T 15543—2008 的规定。

牵引变电所变压器采用单相接线牵引变压器（共测试 7 个牵引变电所），对测得数据分析可得：所测牵引变电所进线电压偏差符合 GB/T 12325—2008 规定；7 个牵引变电所的功率因数在无功反送正计的计量方式下均大于 0.9；不考虑背景谐波的影响，仅 1 个牵引变电所进线 9 次谐波电压含有率为 1.92%，超出 GB/T 14549—1993 的限值，其他变电所各次谐波电压含有率和电压总谐波畸变率满足限值要求。

采用平衡接线牵引变压器（共测试 3 个牵引变电所），对实测数据分析可知：3 个牵引变电所 110kV 三相进线电压均在 62.3～70.3kV 之间，电压偏差符合 GB/T 12325—2008 规定，供电臂 α 臂和 β 臂电压均正常；其中 1 个牵引变电所因向货场供电，变电所一次侧功率因数低于 0.9，另外两个变电所的功率因数在无功反送正计的计量方式下均大于 0.9；其中 1 个牵引变电所进线 3 次谐波电压含有率 1.63%，超出 GB/T 14549—1993 的限值，其他变电所各次谐波电压含有率和电压综合畸变率满足限值要求；3 个牵引变电所进线三相电压不平衡度满足 GB/T 15543—2008 的规定。

牵引变电所采取 Vx 接线方式（共测试 5 个牵引变电所）：5 个牵引变电所进线电压偏差均符合 GB/T 12325—2008 规定，供电臂 α 臂和 β

臂电压均正常；因为该条线路均为交—直—交型动车组，因此这 5 个变电所的功率因数按照无功反送正计都达到了 0.99，比所测其他线上交—直型与交—直—交型混跑的牵引变电所功率因数都高；5 个牵引变电所进线各次谐波电压含有率和电压总谐波畸变率满足 GB/T 14549—1993要求，因为均采用交—直—交型动车组，所以谐波状况也明显好于其他线上的牵引变电所；5 个牵引变电所进线三相电压不平衡度满足 GB/T 15543—2008 的规定。

（3）测试小结。

交—直—交型 CRH 动车组的谐波情况良好，功率因数高，大大提高了牵引供电系统的电能质量，随着交—直—交型机车在国内电气化铁路的大量使用，谐波问题将大大缓解。

浙江省牵引供电系统电能质量良好与电力系统的强大密切相关，由于提供了足够的短路容量，既保证了牵引供电系统的供电能力，满足列车高速运行的需要，同时也大大减小了电气化铁道电能质量问题的不良影响。

3.4.3　实测总结

综合测试结果可以得出如下几点结论：

（1）虽然无功、负序、谐波和电压偏差是我国电气化铁路电能质量面临的主要问题，但大量的测试数据表明，无功问题不再是电气化铁路面临的主要问题。随着我国交—直—交型机车的大量使用，谐波和功率因数问题也将大大改善。但随着牵引功率的大幅增加，负序问题将会变得更加严重。

（2）谐波的测试结果反映出 GB/T 14549—1993 规定的谐波电流指标过于严格，虽然谐波应严加控制，但控制谐波需付出较大的成本代价，过严的要求会导致社会资源的极大浪费，包括电气化铁路在内的用户应该享受电力系统发展所带来的成果，即系统的承受能力更强以后，应该适度放宽对用户的限制，而不是片面限制用户。片面限制用户会大大增加用户的产品成本，没有达到充分利用资源、和谐发展的目标。

3.5 电气化铁路谐波分布与统计特征

3.5.1 谐波统计分布特征

与电力系统中其他非线性负荷相比，电气化铁路牵引负荷具有以下几个明显的特点：

（1）随机波动性：谐波电流随基波负荷剧烈波动。

（2）相位广泛分布：谐波向量可在复平面4个象限上出现。

（3）稳态奇次性：单相整流负荷在稳态运行时只产生奇次谐波，实测显示偶次谐波电流很小。

（4）高压渗透性：电气化铁道谐波由高压系统直接向全网渗透，对其他用户造成影响。

为说明电气化铁道谐波的以上特点，下面以实测的电气化铁路谐波数据进行说明。所用电气化铁路谐波数据来自成（都）昆（明）铁路某区段若干牵引变电所，牵引负荷为交—直型机车。α 相 3～19 次奇次谐波电流散点如图 3-10～图 3-18 所示。各次谐波散点图均以基波电压为基准向量。

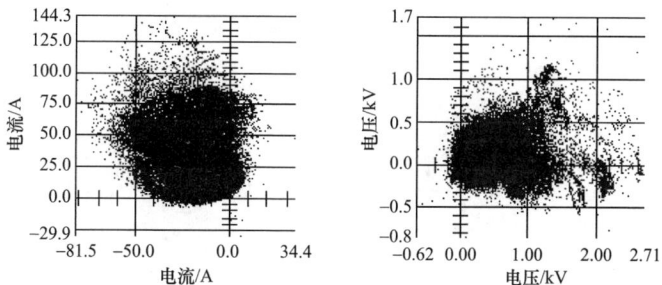

图 3-10　α 相馈线 3 次谐波电流和谐波电压

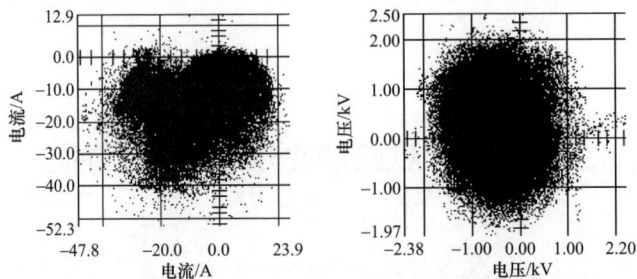

图 3-11　α相馈线 5 次谐波电流和谐波电压

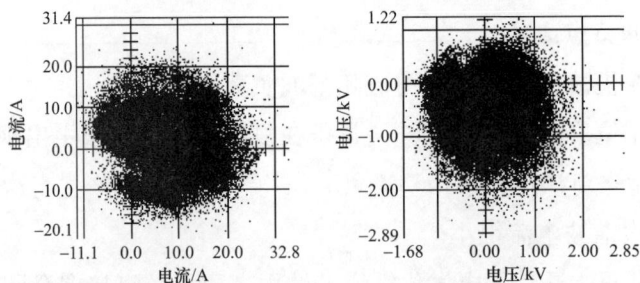

图 3-12　α相馈线 7 次谐波电流和谐波电压

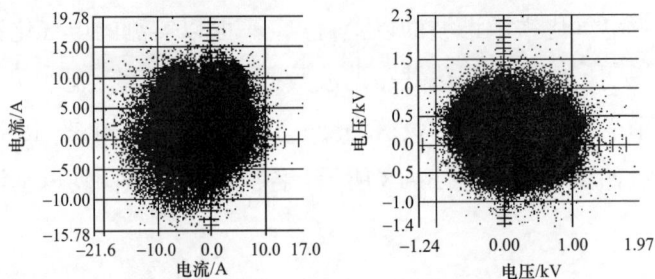

图 3-13　α相馈线 9 次谐波电流和谐波电压

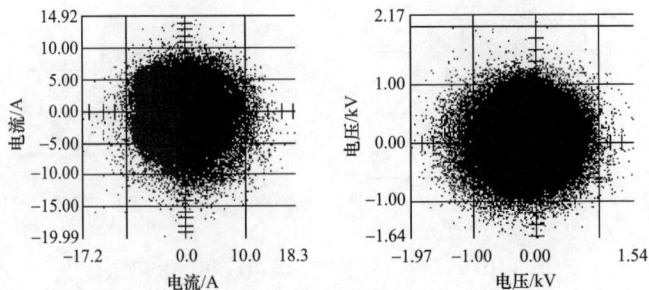

图 3-14　α相馈线 11 次谐波电流和谐波电压

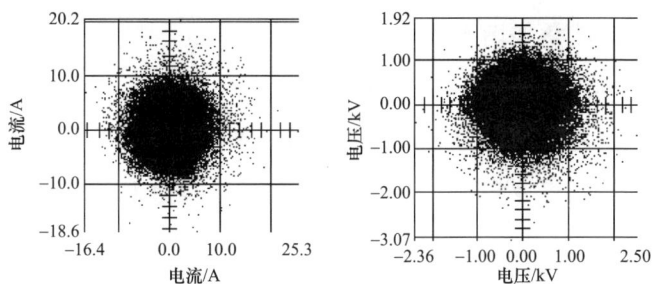

图 3-15　α 相馈线 13 次谐波电流和谐波电压

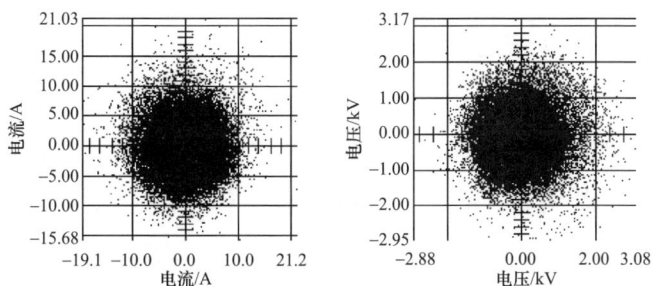

图 3-16　α 相馈线 15 次谐波电流和谐波电压

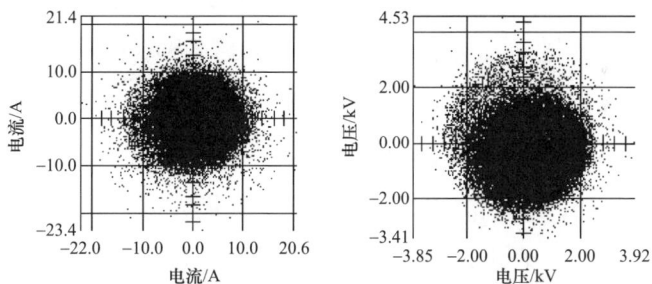

图 3-17　α 相馈线 17 次谐波电流和谐波电压

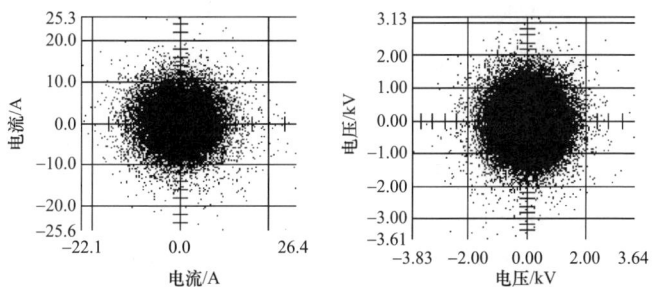

图 3-18　α 相馈线 19 次谐波电流和谐波电压

3.5.2 谐波叠加指数

IEC 61000–3–6 提出的谐波叠加法则如 3.2.4 节所述。比较而言，第二种叠加法则考虑因素更多，结果相对准确。叠加指数是影响第二种叠加法则准确性的重要参数之一。下面的讨论主要针对第二种叠加法则中的叠加指数。

3.5.2.1 电气化铁道谐波叠加指数计算与统计

牵引变电所一般接入 110kV 电网，负荷侧额定电压为 27.5kV。牵引负荷注入电力系统的谐波电流的大小和相位均随牵引负荷的大小而变化。谐波叠加不仅应考虑谐波的大小，还应考虑谐波的相位。

现对式（3–11）中 U_{hi} 和 U_h 的几种取值情况进行讨论：

情况一：若满足 $\text{Max}\{U_{hi}\} < U_h$，即合成谐波电压幅值 U_h 大于任意一个谐波电压分量 U_{hi} 的幅值，则满足 $0 < \alpha < \infty$ 时，式（3–11）成立，表示谐波电压叠加后增大。

情况二：若满足 $U_h < \text{Min}\{U_{hi}\}$，即合成谐波电压幅值 U_h 小于任意一个谐波电压分量 U_{hi} 的幅值，则满足 $\alpha < 0$ 时，式（3–11）成立，表示谐波电压叠加后相互抵消，合成分量减小。

情况三：若满足 $\text{Min}\{U_{hi}\} \leqslant U_h \leqslant \text{Max}\{U_{hi}\}$，即合成谐波电压幅值 U_h 大于谐波电压分量 U_{hi} 的最小值而小于其最大值，则 α 为无穷大时，式（3–11）成立，表示谐波电压叠加后与各分量相差不大。

3.5.2.2 基于统计的概率计算

本节计算 α 的方法是取同一公共连接点上 n 个牵引变电所实测的 27.5kV 侧谐波电流（同时段），将其换算到 110kV 侧后，再通过系统谐波模型计算得到单个谐波源在 110kV 侧公共连接点上引起的谐波电压。将 n 个谐波电压叠加得到在 110kV 侧实际谐波合成电压。通过该合成谐波电压和单个谐波电压计算 α 值。

通过对大量 α 计算结果的统计可以得到 3 种情况的概率，如图 3–19 所示。

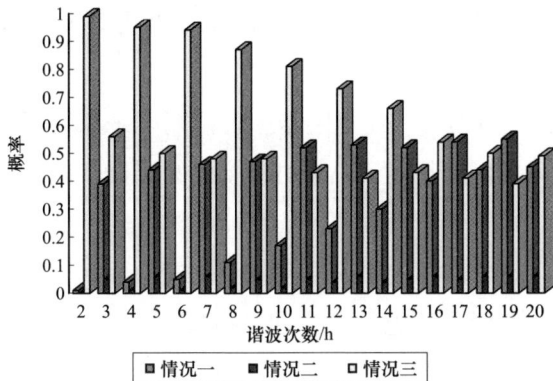

图3-19 3种叠加情况的概率

由图3-19可见，不同次数谐波3种叠加情况概率是不同的。5次和7次谐波情况与3次谐波情况类似。偶次谐波与奇次谐波的3种情况的概率有区别，奇次谐波叠加后增大的概率大于偶次谐波叠加后增大的概率。谐波次数大于10时，奇次和偶次谐波3种情况的概率趋于稳定。

IEC报告提出的叠加法则，在谐波电压叠加计算时，α的取值范围是大于1的，即只考虑了第一种情况，忽略了后两种情况。而实际结果说明这两种情况概率较大。忽略的主要后果是合成后的谐波比实际值偏大。造成这种情况的根本原因是IEC叠加法则没有充分考虑谐波电压相角分布的影响。

3.5.2.3 电气化铁道谐波叠加指数的几个影响因素

（1）牵引变电所接线方式对谐波叠加指数的影响。

牵引变电所作为电力系统和电气化铁道牵引网连接的中间环节，从电力系统获取三相工频交流电能，向电力机车输送单相工频交流电能。牵引变压器是牵引变电所中最主要的设备。我国牵引变压器绝大多数为三相—两相牵引变压器，即其一次侧取自电力系统的110kV或220kV三相电压，二次侧向两个单相供电臂馈电。采用不同类型牵引变压器，就构成不同接线方式的牵引变电所。

我国牵引变压器接线形式包括 YNd11、单相、Vv（Vx）、平衡接线等。

通过对采用 YNd11 接线变压器和阻抗匹配平衡变压器两种情况的计算结果进行分析，可以发现 YNd11 接线变压器和阻抗匹配平衡变压器对谐波叠加指数影响无明显区别，两种接线方式下的谐波叠加指数是比较接近的。但需要注意的是，虽然结果比较接近，但其前提是在同一公共连接点上所有牵引变电所均为同种接线方式。实际中不排除同一公共连接点上同时存在这两种不同的接线方式牵引变压器，因此在计算实际牵引负荷谐波叠加指数时应该考虑同一公共连接点上的牵引变电所接线方式相同和不同两种情况。

（2）牵引变电所换相连接对谐波叠加指数的影响。

我国牵引供电系统采用的是单相工频交流制。作为三相不对称负载，牵引电力机车造成的负序不可避免的对电力系统造成影响。为整体减少进入电力系统的负序分量，电气化区段的各种接线的牵引变电所几乎无一例外地实行换相连接，即轮换接入电力系统的不同相。

1）单相牵引变电所换相连接。单相牵引变电所的换相连接方式如图 3–20 所示。变电所 Ⅰ、Ⅱ、Ⅲ分别接入电力系统的 CA、AB、BC 相，因此，接触网对地电压分别表示为 U_{ca}、U_{ab}、U_{bc}。3 个牵引变电所

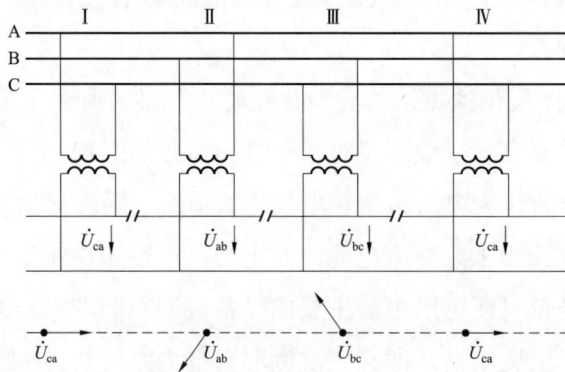

图 3–20 单相牵引变电所换相连接（1）

形成一个循环，牵引变电所Ⅳ又开始一个新的循环。若 3 个牵引变电所的牵引负荷相等，则三相负载平衡，负序电流将只在 3 个牵引变电所之间的输电线形成的局部系统中环行而不进入电力系统。实际中，由于牵引负荷的随机变化使 3 个牵引变电所的负荷电流不断变化，将随时在电力系统中产生负序电流，但其数值将由于换相连接而大大减小。

在牵引供电系统设计时，一般力求电气化区段牵引网三相供电分区牵引能耗大致相等，以尽可能减少负序电流进入电力系统。

图 3–20 所示换相方式有一个缺点，即两相邻供电分区之间接触网上的分相绝缘器将承受 $\sqrt{3}$ 倍牵引网电压。如对于变电所Ⅰ和Ⅱ之间的分相绝缘器，其承受的电压将是 $\dot{U}_{ca}$ 和 $\dot{U}_{ab}$ 的相量差，模值为 $\sqrt{3}U_{ab}$。为避免这种情况发生，在实际中常采用的是改变同名端对地接法，如图 3–21 所示。考虑到对地的正负极性之分，每 6 个牵引变电所形成一个相位循环，其相邻两供电分区的电压相位差为 60°，接触网上两相供电分区的电压相量差模值为牵引网电压。但就电力系统的负序而言仍然是电压相位（线电压）各异的 3 个供电臂形成一组对称连接。

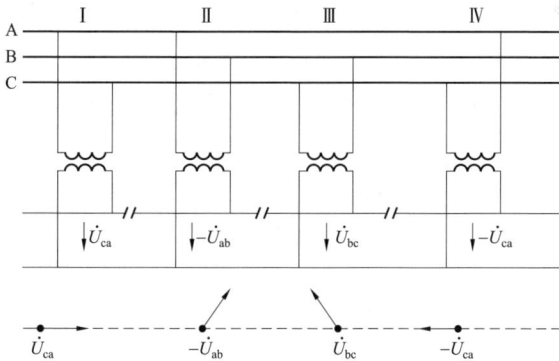

图 3–21 单相牵引变电所换相连接（2）

2）Vv 接线牵引变电所换相连接。Vv 接线变压器可由两台单相变压器构成，也可在三铁心上绕制两套单相绕组完成，其换相连接方法如图 3–22 所示。图中的牵引变电所Ⅱ两边供电分区，左边同图 3–22 中的牵引变电所Ⅰ，右边同图 3–22 中的牵引变电所Ⅲ。仍保证牵引变电所两边供电分区的分相绝缘器所承受电压值等于牵引网电压。

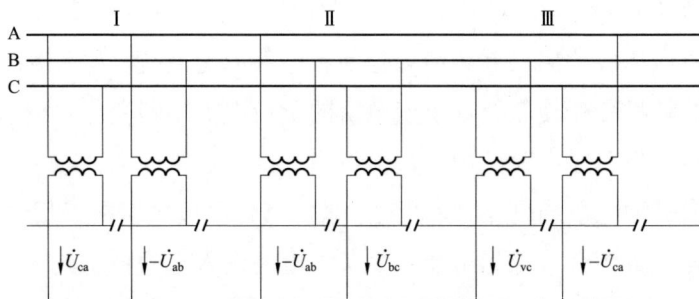

图 3–22 Vv 接线变电所换相连接

现行设计要求两相邻牵引变电所间的供电分区同相，图 3–22 所示牵引变电所Ⅱ左边供电分区接触网对地电压也要求为 $-\dot{U}_{ab}$，为了三相对称，右边供电分区必须有电压 $\dot{U}_{bc}$。所以 Vv 接线的牵引变电所由以下步骤完成换相：

① 按对称要求规定供电分区电压顺序为 $\dot{U}_{ca}$、$-\dot{U}_{ab}$、$\dot{U}_{bc}$、$-\dot{U}_{ca}$ 等，两相邻牵引变电所间的供电分区的电压相同。

② 所有牵引变电所变压器二次侧以同名端接地。

③ 最后完成一次侧与电力系统的接线。

图 3–22 中 3 个牵引变电所的接线就是按以上原则得到的。3 个牵引变电所共倒了 3 次相，所以同单相变电所一样，对于电力系统负序而言，是 3 个电压相位（线电压）各异的供电臂形成一个完整的换相循环，但同样考虑到对地的正负极性之分，工程上 6 个 Vv 接线变电所才完成 $\pm U_{ca}$、$\pm U_{ab}$、$\pm U_{bc}$ 一套换相循环连接。

3）三相牵引变电所换相连接。三相牵引变电所的换相连接一般是按负荷相别进行相序排列，如图 3–23 所示。牵引网电压在各供电分区的排列顺序为 c、–a、–a、b、b、–c。接线规则为：① 变压器二次侧的 c 端子接地；② a 端子接"+"电压供电臂，b 端子接"–"电压供电臂；③ 一次侧按照 YNd11 变压器接线展开图完成与电力系统接线。

这里分析图 3–23 中的牵引变电所Ⅰ的接线。已知两供电臂负荷相

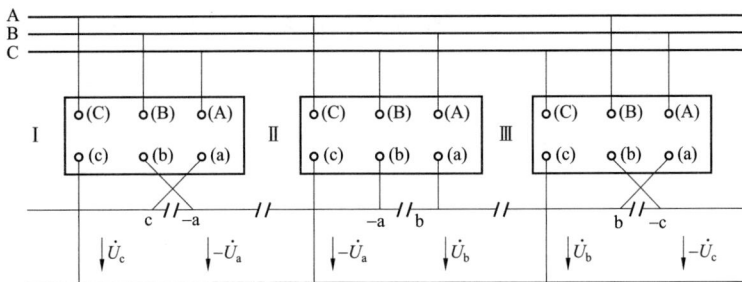

图 3–23　YNd11 牵引变电所换相连接

分别为 c、–a，根据以上接线规则可知变压器一次侧（A）端子接入电力系统 C 相，（B）端子接入电力系统 B 相，（C）端子接入电力系统 A 相。按此方法确定其余变电所接线，可得如图 3–23 所示的换相连接。同样，对于电力系统负序而言，是 3 个电压相位（相电压）各异的供电臂形成一个完整的换相循环，但同样考虑到对地的正负极性之分，工程上 6 个 YNd11 接线变电所才完成 $\pm U_a$、$\pm U_b$、$\pm U_c$ 一套换相循环连接。

通过基于实测数据的计算可以说明，采用换相连接对叠加指数的影响是非常明显的。不采用换相连接的情况下，多谐波源叠加后增大的概率最大为 0.85（5 次），而采用换相连接情况下，多谐波源叠加后增大的概率最大仅为 0.48（5 次）。其他次数谐波情况规律相同。与叠加后增大概率的情况相对应，不采用换相连接情况下，叠加指数则比采用换相连接情况小得多。换相连接对 10 次以下谐波的叠加指数影响比较明显。主要原因是 10 次以下牵引负荷谐波在 4 个象限上分布相对集中，采用换相连接可以有效的将谐波分散在 4 个象限中，减小多谐波源叠加后增大的可能，从而减小牵引负荷谐波对系统的影响。

（3）牵引变电所个数对谐波叠加指数的影响。

随机波动性是牵引负荷的特点之一。通常将牵引负荷谐波作为随机过程处理。谐波源个数越多，产生相互抵消的概率相应增大，因此牵引变电所的个数对谐波叠加的结果也存在一定影响。

计算结果表明，对于 10 次以下奇次谐波，多谐波源叠加以后增大的概率随着牵引变电所个数的增加而增大，而偶次谐波则随着牵引变电所个数的增加而减小。无论奇次谐波还是偶次谐波，其叠加指数都随着牵引变电所个数的增加而增加，这说明多谐波源谐波叠加有偏离线性叠加的趋势。当牵引变电所个数大于 3 时，各次谐波叠加后各种情况的概率趋于稳定。对于不同牵引变电所个数情况，10 次以上谐波叠加后，各种情况的概率比较接近，说明牵引变电所个数对 10 次以上谐波的影响较小，这与其在 4 个象限分布的特点有关。

3.5.2.4 电气化铁道谐波叠加指数的提出和验证

通过对实测数据的计算和统计可以得出，对 3 次和 5 次谐波，同一条线路采用相同牵引变压器接线方式时求得的α比不同接线方式时大。这是由于牵引负荷的 3 次和 5 次谐波相角相对集中，经过相位轮换的同种接线方式牵引变压器在 110kV 侧引起的谐波电压相角分布更加均匀。对于同种接线方式和不同接线方式变压器情况，奇次谐波的α要小于相邻偶次谐波的α，说明奇次谐波的相角分布相对偶次谐波要集中。不同条件下得出的叠加指数相对分散。例如，同种牵引变压器接线方式情况下，其中 3 次谐波的α值最大，并随谐波次数增大而减小，但是 10 次谐波以后α值基本变化不大。

为使用方便，将所得叠加指数简化。简化时应考虑的因素有：谐波叠加后基本不变和减小的概率；基于实测数据的叠加指数计算结果；式（3-11）具有谐波电压分量 U_{hi} 不变条件下合成谐波电压 U_h 随α增大而减小的特性。因此应将基于实测数据的叠加指数计算结果适当增大。由于采用了换相连接，电气化铁道谐波源在 110kV 侧产生的谐波相角分布广泛，可以近似认为谐波分量之间为正交关系。据此得到简化后叠加指数见表 3-15。

表 3-15　　　　　　　　　电气化铁路谐波叠加指数

谐波次数 h	相同接线情况		不同接线情况	
	奇　次	偶　次	奇　次	偶　次
	$3 \leqslant h \leqslant 19$	$h \leqslant 20$	$h \leqslant 19$	$h \leqslant 20$
叠加指数 α	2.0	2.0	2.0	2.0

将实际叠加结果、采用 IEC 叠加指数计算结果和采用表 3–15 电气化铁路谐波叠加指数计算结果 3 种情况的电压畸变率进行比较，可以发现，采用 IEC 叠加指数计算的电压畸变率比实际叠加结果偏大，偏大的程度随着牵引变电所个数的增大而增大。对比之下采用表 3–15 中叠加指数所计算的结果与实际叠加结果更加接近，误差比采用 IEC 叠加指数小得多。这说明 IEC 叠加指数对 110kV 侧谐波电压分量的相角分散程度考虑不足。另外，随着牵引变电所数目的增加，由于相位轮换影响，谐波相位广泛分布，相同接线和不同接线的差别逐渐减小，这说明当谐波源个数增大到一定程度时，牵引变压器接线方式将失去影响作用。但当只有少数牵引变电所时，相同接线和不同接线两种情况的谐波叠加具有不同规律，宜对两种情况区别对待。

3.5.3　牵引负荷同时系数

3.5.3.1　谐波规划水平分配方法

电气化铁道牵引负荷主要接入 110kV 或 220kV 电力系统，可以看作高压系统负荷。提出高压负荷的同时系数是考虑到不是所有高压系统中的畸变负荷都会同时使用，尤其对多个随机波动的高压系统畸变负荷需要考虑同时性问题。通常一个公共连接点上有 2～5 个牵引负荷。由于牵引负荷具有随机波动性，产生谐波最大值的时刻也是随机的，那么多个牵引负荷之间的同时系数，关系到谐波发射限值的分配及牵引负荷是否满足谐波发射限值，因此各个牵引负荷之间的同时系数是一个非常值得关注的问题。

令 L_{hHV} 为高压系统中第 h 次谐波的规划水平，E_{Uhi} 为高压系统中第 i 个非线性设备第 h 次谐波的发送限值。根据式（3–11）有

$$\sum_i E_{Uhi}^{\alpha} = L_{hHV}^{\alpha} \tag{3–42}$$

由于用户协议容量通常是与其承担的电力系统投资份额相一致，所以根据用户协议容量 S_i 和用户接入系统的公共连接点处修正的网络总可用功率 S_t 之比分配发送限值是合理的。假如每个用户的发送限值与它

的协议容量 S_i 成比例，则用户 i 发送谐波电压的允许值为

$$E_{Uhi} = L_{hHV} \cdot \alpha \sqrt{\frac{S_i}{S_t}} \qquad (3-43)$$

考虑高压系统负荷之间的同时系数 F_{HV} 的影响，得到用户 i 发送谐波电压的允许值为

$$E_{Uhi} = L_{hHV} \cdot \alpha \sqrt{\frac{S_i}{S_t} \cdot \frac{1}{F_{HV}}} \qquad (3-44)$$

$$S_i = P_i / \cos\varphi_i$$

式中　E_{Uhi}——由高压系统供电的用户 i 所发送 h 次谐波电压水平的允许值，%；

L_{hHV}——高压系统中第 h 次谐波电压的规划水平，%；

S_i——用户 i 的协议容量；

S_t——公共连接点处修正的网络总可用功率；

F_{HV}——同时发生畸变的高压系统负荷的同时率，典型值在 0.4～1.0 之间；

α——叠加法则指数。

3.5.3.2　F_{HV} 估算方法

电磁兼容技术文件中对于 F_{HV} 并未给出详细的估算方法，但给出了中压（MV）系统负荷与低压（LV）系统负荷的同时系数 F_{ML} 的估算方法。F_{ML} 的值可以从负荷曲线中得到，它对应于中压负荷峰值期的低压负荷的总功率，用以 LV 峰值负荷为基准的 p.u.值表示。这个系数考虑在 MV 和 LV 畸变负荷产生的最大谐波之间不存在重叠。这是由 MV 和 LV 负荷之间的负荷曲线和负荷特性的差异所致。F_{ML} 估算方法如下（如图 3-24 所示）。

下午 20:00 时 LV 负荷达到峰值为 0.6p.u.，上午 8:00 时 MV 负荷峰值时 LV 负荷取得的总功率为 0.3p.u.，由此得到

$$F_{ML} = \frac{0.3}{0.6} = 0.5 \qquad (3-45)$$

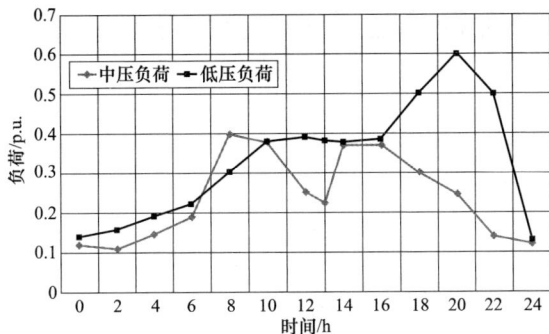

图 3-24　中压配电系统日负荷曲线

因此 F_{HV} 的估算方法可以参照 F_{ML} 的估算方法进行

$$F_{HV} = \frac{S_{HVi}}{S_{HVp}} \qquad (3-46)$$

式中　S_{HVp}——高压负荷 S_i 以外的高压负荷所取得的总功率峰值；

$\quad\quad S_{HVi}$——高压负荷 S_i 峰值时除高压负荷 S_i 以外的高压负荷所取得的总功率。

将式（3-46）应用于电气化铁道牵引变电所，假设公共连接点仅接入牵引负荷时，S_{HVp} 表示除第 i 个牵引变电所以外同一公共连接点上其他所有牵引变电所取得的总功率峰值，S_{HVi} 表示第 i 个牵引变电所取得峰值功率时同一公共连接点上其他所有牵引变电所取得的总功率。

3.5.3.3　同时系数对谐波发送允许值的影响

从式（3-44）可以看出，高压系统用户之间的同时系数对用户谐波发送允许值的分配产生影响。对公式（3-44）进行整理可以得到

$$\frac{E_{Uhi}}{L_{hHV}} = \alpha\sqrt{\frac{S_i}{S_t} \cdot \frac{1}{F_{HV}}} \qquad (3-47)$$

由式（3-47）可以看出，当用户协议容量 S_i 和用户接入系统的公共连接点处修正的网络总可用功率 S_t 之比不变时，高压系统中的畸变负荷之间的同时系数对畸变负荷分配到的谐波发送限值产生影响。电磁兼容技术文件对不同次数谐波提出了不同的叠加指数。不同叠加指数条件下

105

发送限值分配情况如图 3-25～图 3-27 所示。在计算中将叠加指数取为 2.0。

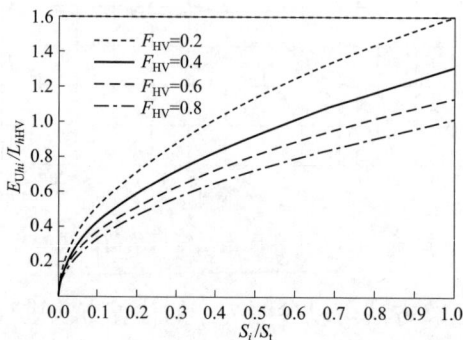

图 3-25　同时系数对谐波发送限值的影响（$\alpha=2.0$）

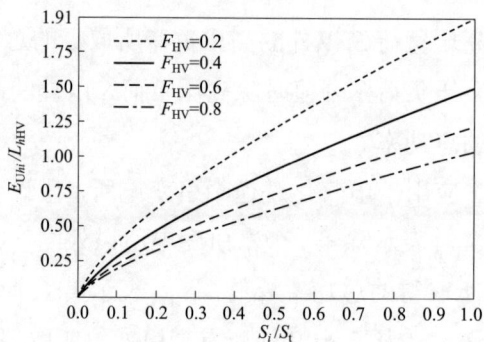

图 3-26　同时系数对谐波发送限值的影响（$\alpha=1.4$）

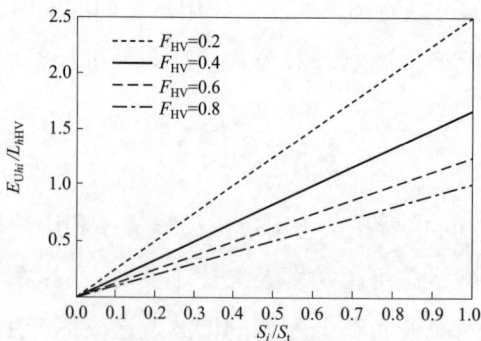

图 3-27　同时系数对谐波发送限值的影响（$\alpha=1.0$）

由图 3-25～图 3-27 可以看出，当同时系数一定时，用户分配的谐波发送限值比例随用户容量占高压系统网络总可用功率的百分比增加而增加。当用户容量占高压系统总可用功率的百分比一定时，用户分配的谐波发送限值比例随同时系数的增加而减小。

3.5.3.4 牵引负荷同时系数

考虑牵引负荷对电力系统的影响时，可以将牵引变电所看作谐波源，产生谐波电流注入电力系统。由于牵引负荷具有随机波动性，谐波电流随基波负荷过程剧烈波动，幅值变化范围很大。根据定义，F_{HV} 指同时发生畸变的高压系统负荷的同时率。评估牵引负荷谐波发送限值时，应考虑单个牵引负荷与其他负荷的同时系数。

目前，我国牵引变电所通常采用三相—两相牵引变压器供电，少数采用单相牵引变压器供电。本节中使用的测试数据均在第一种情况下获得，通常认为两相负荷相关性很小且相互独立，故可把一相负荷看作独立负荷。但是考虑到牵引负荷具有非对称性，电流在电力系统三相上未平均分配，而牵引负荷谐波评估是按照三相中畸变最大的相别进行，所以若把牵引变电所牵引侧单相负荷作为一个负荷将不能完全反映牵引负荷谐波对电力系统三相的影响。同时考虑牵引变电所接入电力系统时均采用了换相连接，而且电力系统分配谐波发送限值的对象是牵引变电所，所以考虑牵引负荷同时系数时，将单个牵引变电所作为独立负荷。对第二种情况则不存在此问题，牵引侧单相负荷即为牵引变电所负荷。

计算牵引负荷同时系数时还应注意，由于牵引负荷随机波动剧烈，若按电磁兼容技术文件同时系数定义只取牵引负荷最大值计算，则计算结果随机性较强，不能完全反映牵引负荷同时率特性。计算中实际采用了 95%概率大值，并对计算结果取平均。

计算采用的牵引负荷实测数据来自某电气化铁路上的 5 个牵引变电所，数据长度不小于 24h。由此可做出牵引变电所日负荷曲线。基于各个牵引变电所的日负荷曲线，即可采用前述计算方法对实际牵引负荷同时系数进行计算。计算结果见表 3-16。

表 3–16　　　　　　　　　　实测牵引负荷同时系数

公共连接点上牵引变电所个数	同时系数 F_{HV}			
	A 相	B 相	C 相	平均
2	0.38	0.33	0.37	0.36
3	0.41	0.42	0.43	0.42
4	0.47	0.46	0.47	0.47
5	0.48	0.49	0.46	0.48

从表 3–16 可以看出，牵引负荷同时系数随着牵引变电所个数的增加而增加，当牵引变电所个数大于 3 时，同时系数趋于稳定，稳定值在0.48 左右。

如果分配用户谐波发送限值时不考虑用户之间的同时系数会造成用户谐波发送限值偏严格。因此在分配用户谐波发送限值时，考虑用户之间的同时系数是十分必要的。牵引负荷的特点之一就是随机波动性，即峰值出现的时间是随机的，制定谐波标准时应充分考虑波动性负荷之间的同时系数，使谐波标准更加合理。

需要说明的是，本章计算所采用的牵引负荷数据大部分来源于山区单线电气化铁道，所得到的结果仅反映了山区单线条件下牵引负荷的同时特性。对于复线电气化铁道，牵引负荷要比单线电气化铁道密集的多，其同时特性可能不同于单线电气化铁道。

3.6　电气化铁路电能质量预测

牵引负荷产生的谐波、负序电流对电力系统的影响估计，是牵引供电系统设计过程中可行性研究阶段的任务之一。铁路部门要配合电力部门计算牵引负荷引起的谐波、负序影响，必要时需研究和提出相应的解决方案，为落实电力系统向牵引变电所的供电方案提供决策依据。

3.6.1 预测评估流程

新建电气化铁路对电力系统电能质量影响预测包括牵引负荷预测、牵引供电系统建模与仿真、接入评估、评估结果及建议等，具体预测流程如图 3-28 所示。

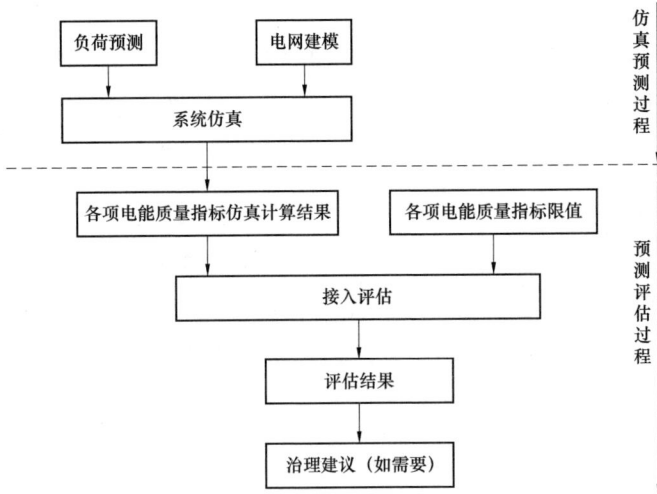

图 3-28 新建电气化铁路对电力系统电能质量影响预测流程

由图 3-28 可见，在牵引供电系统对电力系统电能质量影响预测研究中，牵引负荷的预测是基础，只有掌握了牵引变电所馈线电流的分布特征，才能为估计牵引负荷对电力系统谐波、负序影响提供更为详尽的信息。

3.6.2 牵引负荷预测方法

新建电气化铁路对电力系统电能质量影响预测研究中，牵引负荷的预测是基础。

目前，国内在预测牵引供电系统对电力系统谐波、负序影响的研究中，一种方法是将牵引变电所左、右两个供电臂的正常列车对数、紧密列车对数、95%积分概率最大列车对数等行车状态组合成几种不同的运行方式，计算供电臂上不同列车运行方式下所引起的波动负荷电流，其中一种方法是谐波计算中重馈线电流取 95%概率大值，轻馈线电流取有效值；负序计算中取重馈线带负荷且为日最大电流值，轻馈线电流在零负荷和最大负荷之间变化，并考虑再生制动的工况。这些处理方法所得出的电能质量研究结果，都是一种简化算法，不能反映出牵引负荷随机波动的全过程，其计算结果的适用性还待验证研究。牵引负荷可通过如下两种方法来进行预测。

3.6.2.1　基于牵引计算和供电计算的计算机仿真预测

计算机仿真就是利用与实际对象相吻合的数学模型在计算机上进行模拟实验。电力机车在电气化铁路上运行时，其取流特性受多方面因素影响，使电力机车的牵引负荷呈现出随机波动性。所以，在进行基于牵引计算和供电计算的计算机仿真时，考虑影响电力机车负荷的主要随机因素，将获得较为接近实际情况的仿真结果。

目前，国内外很多学者从多方面展开了基于牵引运行仿真和牵引供电系统负荷过程仿真的研究，并已取得了很多成果。20 世纪 80 年代，西南交通大学张进思教授最早探讨了电气化铁路负荷过程及负荷行为的计算机仿真技术，提出了仿真软件中数据库结构的设计，给出了完整的软件流程图，最终得到了一个通用仿真软件，为计算机仿真技术在电气化铁路供电系统分析中的应用创造了有利条件。之后，西南交通大学李曙辉、刘炜，西安交通大学李建华，北京交通大学吴命利，清华大学万庆祝等展开了更细致、深入的研究，建立了多种电力机车运行过程的动态数学模型，在数学模型中模拟了机车从启动、加速、调整、制动直至停止的全过程，根据各电力机车的特点和实际运行情况，考虑了机车运行的不确定性，把不同司机在操作调速手柄时的随机性、机车载重量的随机性、气象条件的随机性等主要随机变量引入数学模型，用蒙特卡洛法对机车的随机模型进行了数值计算。还考虑到牵引网电压对列车运行的影响，将牵引网电压水平作为电力牵引仿真的一个重要约束条件。建议在设计时必须将牵引供电系统仿真平台和列车牵引运行仿真配套结合起来考虑，供电计算需要和列车的牵引计算同时进行，以检验供电能力。这些仿真软件可以洞察和掌握近期运量下的牵引供电系统的现有状态和通过能力，也可发掘远期运量下牵引供电系统的潜力，预测系统在远期运量下的工作状态，如变电所容量和位置，不同行车方案对牵引供电系统所产生影响的评估和预测。

但该方法用于牵引负荷预测时，却受到新建线路无法获得列车运行图这个主要因素的制约和影响。

3.6.2.2　基于实际测量数据的牵引负荷预测

基于实测数据的牵引负荷预测是建立在对大量实测数据进行统计、挖掘、分析之基础上的。由于其工作量大，耗时长，使该项课题的开展受到限制，所以，目前国外尚没有相关文献，国内仅西南交通大学对基于实测数据的牵引负荷预测进行过一些理论研究工作，具有一定的指导意义。

牵引负荷的随机波动性使测量或抽取个别负荷值变得没有意义，有效的作法是将牵引负荷过程视为随机过程，研究其数字特征和分布特性。根据预测理论，可根据大量的牵引负荷实测数据或过程仿真结果，统计得到牵引负荷的概率分布或数字特征，或从既有数字特征出发，通过非线性规划获得牵引负荷概率分布规律，建立既有线路牵引负荷模型特征库，并进一步研究影响牵引负荷概率分布的主要参数（如最大负荷）与牵引负荷（受牵引定数、行车密度、线路情况等因素制约）之间的统计关系，寻找预测案例与既有模型匹配的决定因素，建立模型边界条件数据库。对于预测案例，根据边界条件，从特征库中寻找与之匹配的数学模型，从而获得预测负荷的样本数据。进而分析牵引负荷对电力系统电能质量的影响预测。

研究既有线路的概率分布模型对新建线路的设计与运行有较大的意义，可将带电有效系数、空载概率与特征参数（如 I_{max}/I_{mean}）作为新建线路与既有线路的边界条件，在既有线路的概率模型中寻找与新建线路参数对应的概率模型。通过变换就可以预测新建线路的负荷，进而估计新建电气化铁路对电力系统电能质量的影响。

3.6.3　牵引供电系统建模与仿真

牵引供电系统建模与仿真主要是针对电力系统各主要元件及牵引变压器、牵引网等建立数学模型，在此基础之上构建其仿真模型，用于分析牵引负荷谐波、负序在电力系统中的分布计算。

目前，国内外已有大量参考文献研究表明，为了充分考虑牵引负荷的不对称性，并且计及牵引变电所对系统结构的影响和牵引变电所之间的相互影响，在研究电牵引负荷谐波、负序在电力系统中的分布计算中，三相分析法不失为一种有效的方法。

为通用起见，设所论及的三相系统共有 N 个三相节点（大节点），其中 M 个牵引变电所排序在前面，后面有 $N{-}M$ 个系统节点，则系统的三相模型可由图 3–29 表示。

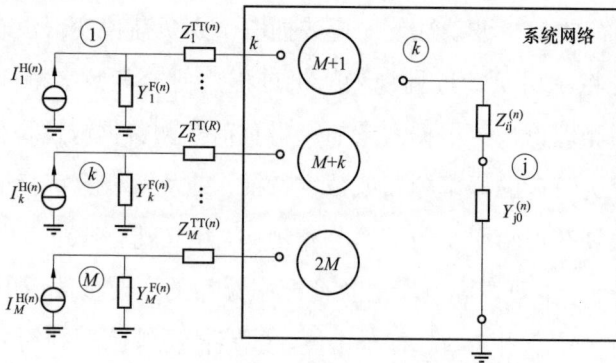

图 3–29　电力系统三相模型

若尚需考虑系统中其他非线性用户，可仿牵引变电所一并处理。在图 3–29 中，k 为三相节点序号，前 M 个节点为有源节点，其余为无源节点，且系统网络为无源网络。为书写方便，简记 $Z_k^{TT(n)}$、$Y_k^{F(n)}$，$k = 1, 2, \cdots, M$，分别为第 k 个牵引变电所变压器三相漏抗阵和滤波网三相导纳阵；$I_k^{H(n)}$ 为第 k 个牵引变电所三相等效电流源。$Z_k^{TT(n)}$、$Y_k^{F(n)}$、$I_k^{H(n)}$ 可根据牵引变电所的具体接线方式、滤波情况求得。

把有关元件的阻抗阵、导纳阵结合到图 3–29 所示的系统三相模型中，可得到全系统的导纳阵或间接形成全系统的阻抗阵，设为

$$\boldsymbol{Z}^{(n)} = \begin{pmatrix} \boldsymbol{Z}_{11}^{(n)} & \boldsymbol{Z}_{12}^{(n)} & \cdots & \boldsymbol{Z}_{1N}^{(n)} \\ \boldsymbol{Z}_{21}^{(n)} & \boldsymbol{Z}_{22}^{(n)} & \cdots & \boldsymbol{Z}_{2N}^{(n)} \\ \vdots & \vdots & \vdots & \vdots \\ \boldsymbol{Z}_{N1}^{(n)} & \boldsymbol{Z}_{N2}^{(n)} & \cdots & \boldsymbol{Z}_{NN}^{(n)} \end{pmatrix}$$

因设仅前 M 个节点有电流源注入，故各节点的三相电压易求得为

$$\begin{pmatrix} \boldsymbol{U}_1^{(n)} \\ \boldsymbol{U}_2^{(n)} \\ \vdots \\ \boldsymbol{U}_N^{(n)} \end{pmatrix} = \begin{pmatrix} \boldsymbol{Z}_{11}^{(n)} & \boldsymbol{Z}_{12}^{(n)} & \cdots & \boldsymbol{Z}_{1M}^{(n)} \\ \boldsymbol{Z}_{21}^{(n)} & \boldsymbol{Z}_{22}^{(n)} & \cdots & \boldsymbol{Z}_{2M}^{(n)} \\ \vdots & \vdots & \vdots & \vdots \\ \boldsymbol{Z}_{N1}^{(n)} & \boldsymbol{Z}_{N2}^{(n)} & & \boldsymbol{Z}_{NM}^{(n)} \end{pmatrix} \begin{pmatrix} \boldsymbol{I}_1^{H(n)} \\ \boldsymbol{I}_2^{H(n)} \\ \vdots \\ \boldsymbol{I}_M^{H(n)} \end{pmatrix} \qquad （3-48）$$

或逐项写成

$$\boldsymbol{U}_k^{(n)} = \sum_{l=1}^{M} \boldsymbol{Z}_{kl}^{(n)} \boldsymbol{I}_l^{H(n)}, \quad k=1,\ 2,\ \cdots,\ N \qquad （3-49）$$

节点 k 到节点 l（$k \neq l$）间三相电流的流通有 3 种情况，一是通过变压器，设阻抗阵为 $\boldsymbol{Z}_k^{TT(n)}$，则通过的三相电流为

$$\boldsymbol{I}_{kl}^{(n)} = (\boldsymbol{Z}_k^{TT(n)})^{-1}(\boldsymbol{U}_k^{(n)} - \boldsymbol{U}_l^{(n)}) \qquad （3-50）$$

二是通过输电线，注入节点 k 和流出节点 j 的三相电流分别为

$$\left. \begin{aligned} \boldsymbol{I}_{kj}^{(n)} &= (\boldsymbol{Z}_L^{(n)})^{-1}(\boldsymbol{U}_k^{(n)} - \boldsymbol{U}_j^{(n)}) + \frac{1}{2}\boldsymbol{Y}_L^{(n)}\boldsymbol{U}_k^{(n)} \\ \boldsymbol{I}_{kj}'^{(n)} &= (\boldsymbol{Z}_L^{(n)})^{-1}(\boldsymbol{U}_k^{(n)} - \boldsymbol{U}_j^{(n)}) - \frac{1}{2}\boldsymbol{Y}_L^{(n)}\boldsymbol{U}_j^{(n)} \end{aligned} \right\} \qquad （3-51）$$

三是流入发电机或其他线性负荷的三相电流为

$$\boldsymbol{I}_{k0}^{(n)} = \boldsymbol{Y}_{k0}^{(n)}\boldsymbol{U}_k^{(n)} \qquad （3-52）$$

3.6.4　接入电力系统评估

通过建模及仿真分析，得到电气化铁路接入点各项电能质量指标的数据后，进行接入电力系统评估。电气化铁路接入电力系统评估的目的是把牵引负荷注入电力系统的谐波、负序水平限制在国家标准规定的限值以下。

对负序电能质量指标的考核可参照 GB/T 15543—2008《电能质量三相电压不平衡》，其中明确规定：电力系统公共连接点处负序电压不

平衡度限值取为电力系统正常运行的最小方式下、最大的运行周期中负荷所引起的电压不平衡度的实测值。在电力系统正常运行时，供电电压负序不平衡度测量值的95%概率大值不得超过2%，短时值（测量值中的最大值）不得超过4%。

针对谐波，IEC 61000–3–6《对于连接到中压、高压和超高压电力系统的畸变设施发射限值的评估》（技术报告，2008–02）提出对谐波分三级进行评估。对第三级评估，IEC指出：应该注意到，许多用户不会产生大量的谐波，因为它们没有那样巨大的畸变负荷，电力系统的一部分可用容量可能长期闲置未用。结果是对一级和二级评估的完整应用可能过度地将谐波电压限制在规划水平之下，从而留下了一些可供利用的裕度。为保持通用性，并且允许对本报告灵活地解释，适当情况下，供电公司可以利用这些可用的裕度。然而，只有在特殊的环境和在根据不足的条件下，才能接受高于正常发射限值的用户。为了减少那些可能根本不需要的投资，三级评估很重要。它意味着对用户的接入应当进行仔细的研究，包括现有背景畸变和所研究设备的预期发射情况，并要考虑将来扩建滤波设备的可能性。

2000年5月，国家质量监督局批准国际标准化指导性技术文件GB/Z 17625.4—2000《电磁兼容 限值 中、高压电力系统中畸变负荷发射限值的评估》。GB/Z 17625.4—2000等效于IEC 61000–3–6。考虑到牵引负荷的特殊性，对其应采用第二级和第三级评估。谐波评估流程如图3–2所示。

第二级评估是结合系统承受谐波的能力来评估牵引负荷特性的。系统的承受能力是根据国家标准确定的，并且按照每个用户对系统总容量的需求分配给各个用户，如图3–2所示，对于谐波，第二级评估主要是考核牵引负荷注入电力系统的谐波电流是否小于该负荷分配的谐波电流允许值。如果牵引负荷注入电力系统的谐波电流小于该负荷分配的谐波电流允许值，则允许牵引负荷接入电力系统。如果牵引负荷注入电力系统的谐波电流大于该负荷分配的谐波电流允许值，则进入第三级评估。

针对电气化铁路，英国电气委员会制定了《英国铁路交流牵引供电》，即 P.24 导则。英国铁路部门认为：在保证低压（415V）谐波不超过 5%的前提下，其他各级电压畸变率可以放宽一些。可见，P.24 工程建议书承认电气化铁路谐波具有一定的特殊性，其限值规定可以比一般的电力系统的限值更高一些。另外制定的一项工程建议 G5/4 给出了较为具体的对谐波超过规划值情况的处理原则：对于接入电力系统后可能使谐波电压超过规划值的用户，电力公司可与其签订"有条件接网协议"，明确抑制措施，否则电力公司可以拒绝用户接网。对于特殊情况，如某个用户远离其他用户，其谐波超过规划值，但对其他用户干扰不大，电力公司可用相应的电压兼容水平取代规划值，重新对新用户进行评估。此时应确保没有其他负荷接到谐波电压高于规划值的电力系统部分，否则应采取抑制措施。

我国电气化铁路牵引变电所通常均只负担铁路自身用电，不像苏联那样向地方三相负荷提供电力，因此在保证中、低压系统谐波限值不超标的情况下，只要牵引变电所高压母线距离发电机、高压换流站等敏感设备电气距离较远，电气化铁路的谐波电压发射限值可以适当放宽。

4 电气化铁路电能质量控制技术

4.1 概　　述

无功、负序、谐波是电气化铁路影响三相电力系统电能质量的三大主要问题。国际上对这三大问题的研究成果与对策也不尽相同。英国主要关注负序和谐波，基本代表欧共体的情况。苏联则注重电压调整和无功补偿，兼顾负序和谐波的补偿，基本以改善牵引供电系统自身的技术指标为主要目标。相比而言，日本的研究和应用较为全面，如可调无功补偿及滤波，三相—单相对称变换系统，2002 年还投运了基于现代电力电子技术的电压波动补偿装置（RPC）。

国内对这三大问题的认识也有一个发展过程。电气化铁路建设初期，比较注重负序，但当时电气化铁路里程短，对电力系统造成的不良影响也是局部的，后来对功率因数愈加关注，并制订了奖罚办法。到目前为止，如果说负序主要属技术问题的话，那么，功率因数既属技术问题，也属经济问题。

随着电力电子技术的发展及其电力电子装置的广泛应用，电力系统中谐波水平有逐渐高涨的趋势。20 世纪 70 年代以来，各工业发达国家分别制定了限制谐波水平的导则、规定或标准。影响较大的有 IEEE std 519，英国的 G 5/3 和 G5/4，苏联的 ΓOCT−18/09−87，IEC 1000−3−6（1996）等。我国制定的国家标准与英国的 G5/3 相仿。电气化铁路发展的趋势是牵引变电所的容量不断扩大，虽然采取了一些平衡负序的措 1

施，如采用换相接入系统，使用平衡接线变压器，但负序造成的不良影响仍不容忽视，并且在个别地区会造成严重后果，因此，国家制定标准加以管理是非常必要的。

电能质量问题受到人们越来越多的关注，应加以控制，主要有两类方案：一是采用补偿技术，即在牵引变电所采取措施改善电能质量指标。近年来，国内外就电气化铁路电能质量综合补偿问题进行了广泛的研究和试验，提出了许多方案，其中有的方案已在现场实施投运。二是在干扰负荷主电路上进行改进，称为源头控制，从根本上解决诸如功率因数、谐波等问题。

作为第一类方案，技术上可行、经济上合理的提高功率因数最简便的现实方案是安装固定并联电容补偿装置，自从20世纪80年代初期开始，我国就在各牵引变电所增设直挂固定并联电容补偿装置（FC），具有补偿无功和兼滤谐波的功能，但其无功出力是不可调的，因此属于一种不可调的补偿方式。这种方式结构简单，投资少，运行比较可靠，目前为我国绝大多数牵引变电所使用。显然，不可调补偿对于波动的牵引负荷无功自然会发生过补偿和欠补偿。电力部门在反计过补偿无功（返送反计）的基础上又进一步提出了不计过补偿无功（返送不计）、正计过补偿无功（返送正计）的计量方法，其中正计过补偿无功使得不可调并联补偿用于牵引供电系统的经济性受到严重挑战。对此，北京铁路局雁翅牵引变电所安装了一套真空开关投切的并联电容补偿装置（MSC），即在牵引母线安装降压变压器，把电压降至 6~7kV，再用 10kV 真空开关分组自动投切并联电容器，其中并联电容器串接有 12% 电抗器，可兼滤 3 次谐波，取得了较好的功率因数补偿效果，但运行中发现，由于真空开关自身特性以及投切时间的随机性，投切时会产生很大的冲击电流与很高的过电压，易使真空开关与电容器损坏。有的牵引变电所还试验了固定并联电容器+并联可控磁饱和电抗器方式（FC+SR）的可调补偿装置，可称得上是一种单相的静止无功补偿器（SVC），它根据负荷无功功率或功率因数，通过控制晶闸管来调整磁饱和电抗器的电抗值，以达到连续调节注入 27.5kV 母线的无功功率的目的。该装置跟随性好，无功补偿效果好，但是它自身会产生谐波，噪声也大。随着科技进步和新型电力设备尤其是电力电子技术的发展，动态补偿装置开始大量涌现并在工程中推广应用，主要有基于晶闸管的静止无功补偿装置（Static Var Compensator，SVC）和基于 IGCT 与 IGBT 的静止无功发生器（Static Var Generator，SVG）两种。早期的静止无功补偿装置是饱和电抗器（Saturated Reactor-SR）型的，1967 年，英国 GEC 公司制造出第一批饱和电抗器型静止无功补偿装置；随着电力电子技术的发展和在电力系统的应用，出现了以电力电子器件作为主控制器件的静止无功补偿装置，1978 年，美国西屋公司制造了第一套投入实际运行的静止无功补偿装置。目前，静止无功补偿装置主要包括机械投切电容器（Mechanically Switched Capacitor，MSC），晶闸管控制电抗器（Thyristor Controlled Reactor，TCR）、晶闸管投切电容器（Thyristor Switched Capacitor，TSC）以及混合使用的装置［如 TCR+TSC，TCR+固定电容器（Fixed Capacitor，FC）、TCR+FC，TCR+MSC 等］、可控直流助磁式饱和电抗器、晶闸管控制的高阻抗变压器（TCT）。20 世纪 80 年代以来，出现了采用自换相变流电路的更为先进的无功补偿装置——静止无功发生器（Static Var Generator，SVG），它采用桥式逆变电路接电抗器或电容器后连接到电力系统上，通过调节电路交流侧输出电压的相位和幅值，产生不同大小的容性或感性无功，实现无功的动态补偿。

第二类是源头治理，就是改交—直型机车为交—直—交型机车或动车组，从根本上解决诸如功率因数、谐波等问题。

4.2 静止无功补偿器（SVC）

静止无功补偿器（Static Var Compensator，SVC）发展始于 20 世纪 70 年代。"静止"是针对旋转的同步调相机而言。SVC 包括晶闸管投切电容器组（TSC）和晶闸管控制电抗器（TCR）及其组合。SVC 对改善负荷功率因数、稳定和平衡系统电压、消除流向系统的高次谐波电流、平衡三相负荷等都有显著效果。随着电力电子技术和柔性输配电技术的发展，SVC 装置已经越来越广泛地应用于电力系统中，并且也在国内外电气化铁路上得到一些应用。SVC 的控制目标一般有以下几种：

（1）对动态无功负荷的功率因数进行校正。

（2）稳定电力系统电压。

（3）改善电力系统的静态和动态稳定性，阻尼功率振荡。

（4）降低过电压。

（5）减少电压闪变。

（6）阻尼次同步振荡。

（7）减少电压和电流的不平衡。

4.2.1 晶闸管控制电抗器（TCR）

TCR 是 SVC 中最重要的组成部件之一。基本的单相 TCR 由反并联的一对晶闸管 T_1、T_2 与一个线性的电抗器串联组成，如图 4–1 所示。以单相 TCR 模型为例介绍基本原理。

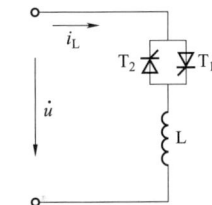

图 4–1 TCR 基本结构

设电源电压为标准的正弦信号，即

$$u(t) = U_m \sin \omega t \qquad (4\text{–}1)$$

式中　U_m——电源电压的峰值；

　　　ω——所加电压的角频率。

在导通期间，TCR 的电流可由如下微分方程描述

$$L \frac{di_L}{dt} - u(t) = 0$$

式中　L——TCR 的电抗值。

所以

$$i_L(t) = \frac{1}{L} \int_0^t u(\tau) d\tau + \text{Const} \qquad (4\text{–}2)$$

结合式（4–1），得到

$$i_L(t) = -\frac{U_m}{\omega L}\cos\omega t + \text{Const}$$

由边界条件 $i_L(\omega t = \alpha) = 0$，得到

$$i_L(t) = -\frac{U_m}{\omega L}(\cos\alpha - \cos\omega t) \tag{4–3}$$

式中 α ——触发角，以所加电压从负变正过零点作为时间起点。

通过傅里叶分析，可以得到 TCR 电流的基波和谐波分量，其中基波分量有效值

$$I_1(\alpha) = \frac{V}{\omega L}\left(1 - \frac{2\alpha}{\pi} - \frac{1}{\pi}\sin 2\alpha\right)$$

将导通角定义为 $\sigma = \pi - 2\alpha$，则

$$I_1(\alpha) = \frac{V}{\omega L}\left(\frac{\sigma - \sin\sigma}{\pi}\right) \tag{4–4}$$

式（4–4）可改写为

$$I_1(\alpha) = V B_{TCR}(\alpha) \tag{4–5}$$

$$B_{TCR}(\alpha) = B_{max}\left(1 - \frac{2\alpha}{\pi} - \frac{1}{\pi}\sin 2\alpha\right) = B_{max}\left(\frac{\sigma - \sin\sigma}{\pi}\right)$$

从式（4–4）和式（4–5）可以看出，TCR 就像一个可变电纳，改变触发角就可以改变电纳值，因为所加的交流电压是恒定的，改变电纳值就可以改变基波电流，从而导致电抗器吸收无功功率的变化。但是，当触发角超过 90° 以后，电流变为非正弦的，从而产生谐波。如果两个晶闸管在正半波和负半波对称触发，就只会产生奇次谐波。通常要配以并联滤波器来消除或减弱 TCR 自身产生的谐波，其并联滤波器要调谐到 5 次和 7 次的主导谐波频率，有时也使用 11 次和 13 次滤波器或者只使用一个高通滤波器。

由于在电力系统应用中，要求具有可控的容性无功功率，因此在 TCR 上并联了一个电容器。这个电容器可以是固定的，也可以通过机械开关或者是晶闸管开关进行投切。TCR 的主要优点是：

（1）响应迅速，典型的响应时间为 1.5～3 个周期。

（2）控制灵活，易于实现各种控制策略。

（3）易于扩容，由于 TCR 型 SVC 本质上是模块化的，因此在不超过耦合变压器容量的前提下，通过追加更多的 TCR 模块就能达到扩容的目的。

4.2.2　晶闸管投切电容器（TSC）

TSC 的结构如图 4–2 所示。图 4–2（a）所示其单相电路图，两个反并联晶闸管起导通或关断的作用，串联的电感用来抑制电容器投入电力系统时可能造成的冲击电流及可能的谐波放大现象。在很多情况下，这个电感往往不画出来。

TSC 的工作原理和 TCR 并不相同。TSC 或者投入运行，或者退出，不存在第三种工作状态。因此，当 TSC 投入运行时，其等效基波阻抗即为 TSC 中电容器阻抗和电抗器阻抗之和，即

$$Z = \mathrm{j}\omega L + \frac{1}{\mathrm{j}\omega C}$$

在工程实际中，一般将电容器分成若干组，如图 4–2（b）所示，每组都可由晶闸管投切。这样，可根据电力系统的无功需求投切这些电容器，其电压—电流特性按照投入电容器组数的不同可以是图中的 OA、OB 或 OC，如图 4–2（c）所示。

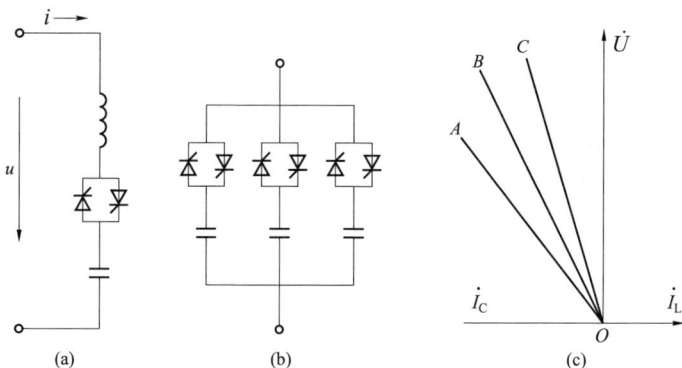

图 4–2　TSC 结构简图及电压—电流特性

（a）单相电路图；（b）电容器分组示意；（c）电压—电流特性

电容器分组的具体方法比较灵活，一般希望能组合产生的电容值级数越多越好，但是综合考虑到系统复杂性以及经济性问题，可以采用二进制的方案，即采用 $k-1$ 个电容值均为 C 的电容和 1 个电容值为 $C/2$ 的电容，这样的分组法可使组合成的电容值有 $2k$ 级。

电容器的分组投切在较早的时候大都是用机械断路器来实现，即机械投切电容器（MSC）。与机械断路器相比，晶闸管的操作寿命几乎是无限的，而且晶闸管的投切时刻可以精确控制，以减少投切时的冲击电流，降低操作难度。

4.3 静止无功发生器（SVG）

静止无功发生器（Static Var Generator，SVG）是采用大功率电力电子器件构成的变流器，主要用于实时补偿负荷的无功电流，也称 STATCOM（Static Compensator）。

与 SVC 相比，SVG 的调节速度更快，运行范围宽，而且在采取多重化、多电平或脉冲宽度调制（PWM）技术等措施后可大大减少自身产生的谐波含量。

SVG 的基本原理是将自换相桥式电路通过电抗器或者直接并联在电力系统上，适当地调节桥式电路交流侧输出电压的幅值和相位，或者直接控制其交流侧电流就可以使该电路吸收或者发出满足要求的无功电流，实现动态无功补偿的目的。

SVG 分为电压型桥式电路和电流型桥式电路两种类型，其区别在于直流侧分别采用的是电容和电感这两种不同的储能元件，其电路基本结构如图 4–3 所示。电压型桥式电路还需再串联电抗器才能并入电力系统；电流型桥式电路还需在交流侧并联电容器以吸收换相产生的过电压。由于电压型控制方便，损耗小，运行效率高，迄今投入实用的 SVG 大都采用电压型桥式电路，因此 SVG 往往专指采用自换相的电压型桥式电路的动态无功补偿装置。

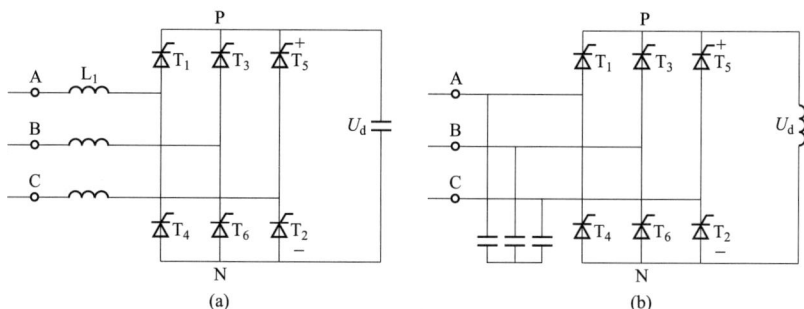

图 4-3 SVG 的两种接线形式

（a）电压型桥式电路；（b）电流型桥式电路

SVG 正常工作时就是通过电力半导体开关的通断将直流侧电压转换成交流侧与电力系统同频率的输出电压，就像一个电压型逆变器，只不过其交流侧输出接的不是无源负载，而是电力系统。因此，当仅考虑基波频率时，SVG 可以等效地视为幅值和相位均可以控制的一个与电力系统同频率的交流电压源，它通过交流电抗器连接到电力系统上。SVG 的工作原理可以用图 4-4（a）所示的单相等效电路图来说明。设电力系统电压和 SVG 输出的交流电压分别用相量 $\dot{U}_S$ 和 $\dot{U}_I$ 表示，则连接电抗 X 上的电压 $\dot{U}_L$ 即为 $\dot{U}_S$ 和 $\dot{U}_I$ 的相量差，而连接电抗器的电流是可以由其电压来控制的。这个电流就是 SVG 从电力系统吸收的电流 $\dot{I}$。因此，改变 SVG 交流侧输出电压 $\dot{U}_I$ 的幅值及其相对于 $\dot{U}_S$ 的相位，就可以改变连接电抗器上的电压，从而控制 SVG 从电力系统吸收电流的相位和幅值，也就控制了 SVG 吸收无功功率的性质和大小。

在图 4-4（a）的等效电路中，将连接电抗器视为纯电感，忽略其损耗以及变流器的损耗，因此不从电力系统吸收有功能量。在这种情况下，只需使 $\dot{U}_I$ 与 $\dot{U}_S$ 同相，仅改变 $\dot{U}_I$ 的幅值大小即可以控制 SVG 从电力系统吸收的电流 $\dot{I}$ 是超前还是滞后 90°，并且能控制该电流的大小。

如图 4-4（b）所示，当 $\dot{U}_I$ 大于 $\dot{U}_S$ 时，电流超前 90°，SVG 吸收容性的无功功率；如图 4-4（c）所示，当 $\dot{U}_I$ 小于 $\dot{U}_S$ 时，电流滞后电压

90°，SVG 吸收感性的无功功率，从而达到动态控制无功功率并进行补偿的目的。

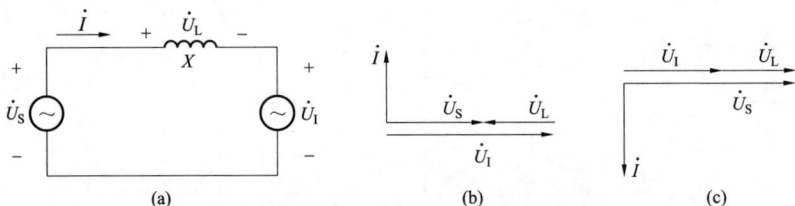

图 4-4　SVG 等效电路及工作原理

（a）等效电路；（b）吸收容性无功功率；（c）吸收感性无功功率

4.4　电力有源滤波器（APF）

电力有源滤波器（APF）也是一种变流器装置，它将系统中所含高次谐波检出，并产生与其相反的补偿电流，以此抵消输电线路中的这些谐波，避免其进入电力系统。按照接入系统的方式，将有源滤波器分为并联型、串联型、串并联混合型等形式。从理论上，无论采用哪种方式的滤波器都可以滤除谐波，但从滤波效果与成本出发，应考虑采用接入系统的最合理方式。谐波源分为电压源型与电流源型两种。如果谐波源来自系统侧，则谐波的是电压源型性质，应采取串联补偿，如果谐波是用户自己产生的，则基本上属于电流源性质，应采取并联滤波。下面以并联型 APF 为例简单叙述其原理。

APF 由两大部分组成，即指令电流运算电路和补偿电流发生电路。其中，补偿电流发生电路由电流跟踪控制电路、驱动电路和主电路三个部分构成，主电路目前均采用 PWM 变流器。如图 4-5 为最基本的并联式 APF 的原理框图。

指令电流运算电路的核心是检测出补偿对象电流中的谐波和无功电流分量，补偿电流发生电路根据指令电流运算电路得出的补偿电流 i_C^*

的指令信号，产生实际的补偿电流 i_C。

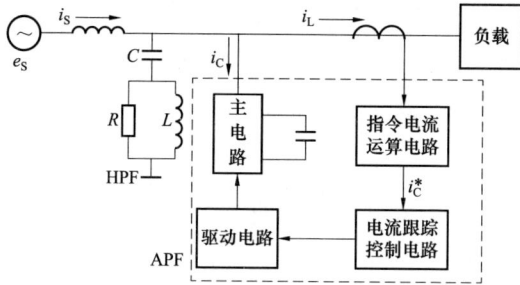

图 4-5 并联式 APF 的原理示意图

i_C^* 是经指令电流运算电路计算得到的指令信号，该信号经补偿电流发生电路放大，得到补偿电流 i_C，补偿电流 i_C 与负载电流 i_L 中要补偿的谐波及无功电流抵消，最终得到期望的电源电流 i_S。

$$i_S = i_L + i_C = (i_{Lp} + i_{Lq} + i_{Lh}) - (i_{Lq} + i_{Lh}) = i_{Lp}$$

电力系统电流 i_S 中只含有基波有功分量 i_{Lp}，从而达到了消除谐波电流、无功功率和负序电流的目的。

4.5 机 车 改 型 升 级

几十年的实践表明，国产 SS_3 等交—直型电力机车功率大，速度快，运行可靠，操纵方便，检修率低，能满足运输需要，这是蒸汽机车和内燃机车都无法做到的。交—直型电力机车采用的是直流串励电动机，其最大优点是调速简单，只要改变电动机的端电压就能很方便地在较大范围内实现调速，但是由于带有整流子，不但体积加大，还使制造和维修变得复杂，同时交—直型电力机车负荷是典型的整流型负荷，功率因数低，谐波含量丰富。

交流牵引电动机具有启动牵引力大、恒功率范围宽、粘着系数高、维护简单等诸多优点，随着电力电子技术及其控制技术的迅速发展，交—直—交型电力机车已取代交—直型电力机车成为当今世界机车技术的发展趋势。交—直—交型电力机车采用四象限控制器作为机车电源侧的变流器，可以在广泛的负荷范围内保持功率因数接近 1，电流波形接近于正弦波，而且在再生制动时依然如此。这样不仅降低了系统损耗，而且在再生制动时可将高质量电能反馈给电力系统，节能环保，非常符合国家基本国策。

我国的交—直—交型电力机车研制工作开始于 20 世纪 70 年代，目前，交—直型电力机车已经停产，以 CRH 为代表的交—直—交型动车组已大量用于高速铁路和客运专线，大功率交—直—交型电力机车也在货运铁路和重载铁路进行推广。

4.5.1　交—直型机车特性

交—直型电力机车是将接触网供给的单相工频交流电，经机车内部的牵引变压器降压，经整流装置将交流电转换为脉动直流电，再经平波电抗器向直流牵引电动机供电，从而产生牵引力牵引列车运行。下面以韶山（SS）系列机车为例介绍中点抽头式全波整流和桥式全波交—直型电力机车的工作原理。

4.5.1.1　中抽式全波整流

交—直型机车通过机车受电弓与接触网接触，将接触网的单相交流电引入车载牵引变压器的高压绕组，再经钢轨或回流装置流回牵引变电所。车载牵引变压器将电压降低后，经整流装置变换为直流电供给牵引电动机。

SS_1 型电力机车是典型的交—直型整流机车，其他类型电力机车均由此发展而来。SS_1 型电力机车的直流牵引电动机采用串励式，每轴一台，共六台。每台小时功率（允许持续 1h 的功率）为 700kW，故机车功率为 4200kW，直流额定电压为 1500V。SS_1 型电力机车主电路采用中抽式（全波）整流电路，如图 4-6 所示。图中，D_M

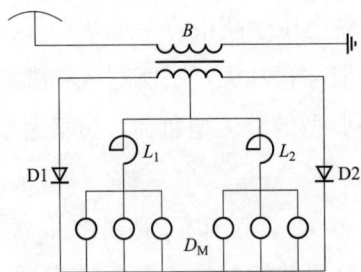

图 4-6　SS_1 型电力机车主电路

为 6 个牵引电动机，L_1、L_2 为两个平波电抗器，D1、D2 为整流机组，B 为机车主变压器。

由于交—直型电力机车整流装置的输出电压为一脉动电压，因而流过牵引电动机的电流是一脉动电流。脉动电流使牵引电动机的损耗增加，还引起换向恶化，因此需装设平波电抗器和固定分路电阻以限制电流的脉动，改善电动机的工作条件。

电力机车的启动和调速靠改变牵引电动机的端电压实现。机车主变压器低压侧设有调压分接头和转换机构 K，为了能大范围调压产生好的牵引特性，二次侧绕组分为两个基本绕组（a_1x_1）和两个调压绕组，调压绕组可正接或反接于基本绕组，如图 4–7 所示。加上机车自身的分接头，共形成 33 个调压级，级位越高，输出电压就越高。SS_1 型电力机车还设有削弱磁场调速功能，把削弱磁场分为三级，通过在励磁绕组上并联电阻来实现，如图 4–8 所示。

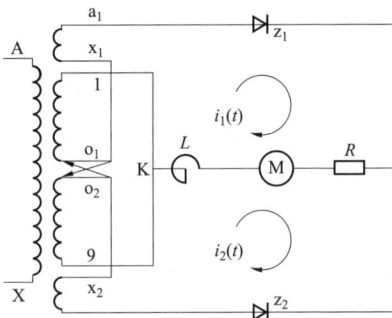

图 4–7　机车主变压器次边绕组正、反接示意

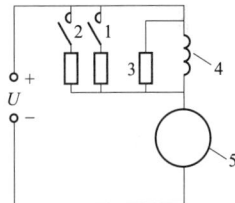

图 4–8　削弱磁场电路

1，2—电阻开关；3—并联电阻；
4—串励绕组；5—牵引电动机

交—直型机车的网上取流都是感性滞后的，滞后角度因取流大小而异。SS_1 型电力机车的功率因数曲线如图 4–9 所示，典型数值见表 4–1，自用电的 $\cos\varphi = 0.85$（滞后）。考虑电力机车运行的各种工况，一般网上平均功率因数为 0.8 或略高。

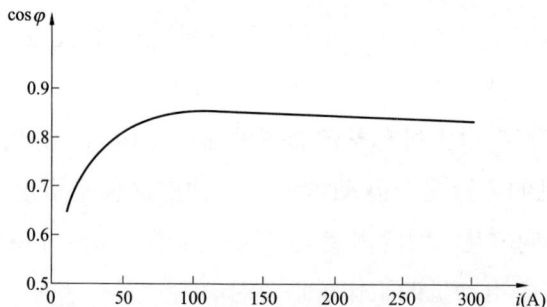

图 4-9　SS1 型电力机车功率因数——网上取流曲线

表 4-1　　　　　　　　SS1 型电力机车功率因数——网上取流

i (A)	10	20	40	60	80	100	150	200	250
$\cos\varphi$ 滞后	0.65	0.723	0.799	0.845	0.862	0.866	0.857	0.851	0.849

4.5.1.2　桥式全波整流

SS₃ 型电力机车的牵引电动机仍为串励直流电动机，每轴一台，共六台。每台小时功率为 800kW，SS₃ 型机车总功率为 4800kW。考虑到 SS₁ 型中抽式主电路中变压器次边的两组对称绕组轮流导通，容量不能充分利用，以及整流器承受的反压高，不适用于更大的牵引容量，SS₃ 型机车采用了较为先进的桥式整流电路，如图 4-10 所示。

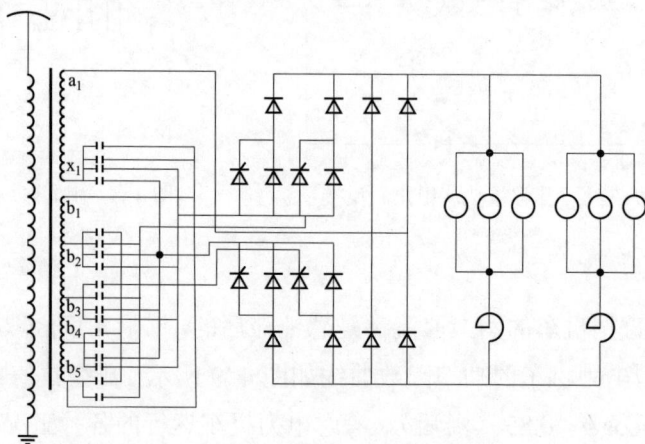

图 4-10　SS₃ 型机车桥式整流电路（一）

级号	绕组接法	引线	电压（V）	级号	绕组接法	引线	电压（V）
1	反接	$a_1x_1-b_2b_5$	277.8	5	正接	$a_1x_1+b_1b_2$	1388.9
2	反接	$a_1x_1-b_3b_5$	555.6	6	正接	$a_1x_1+b_1b_3$	1666.7
3	反接	$a_1x_1-b_4b_5$	833.3	7	正接	$a_1x_1+b_1b_4$	1944.4
4	基本绕组	a_1x_1	1111.1	8	正接	$a_1x_1+b_1b_5$	2222.2

图 4–10　SS_3型机车桥式整流电路（二）

图 4–10 所示的桥式电路是晶闸管半控桥式整流电路。其晶闸管只在某一级位起平滑调压（调速）作用，而幅度更大的调压（调速）仍靠变压器二次侧分接头的调整实现。SS_3型电力机车的级位只有 8 级，比 SS_1型电力机车操纵简便，其削弱磁场级与 SS_1相同。

我国目前普遍使用的交—直型电力机车都是采用半控桥式整流装置，如 SS_4、SS_9、8K 和 6K 等。交—直型电力机车主电路一般通过控制晶闸管的导通角来实现机车出力的调节，不同导通角时，其谐波电流波形变化很大，谐波含量变化也较大。韶山系列电力机车谐波电流含有率典型统计值见表 4–2。

表 4–2　　　　韶山系列电力机车谐波电流含有率典型统计值

车型	3 次	5 次	7 次	9 次	11 次
SS_1	21.8	10.2	5.3	2.7	1.4
SS_3	21.7	10.4	5.2	2.1	1.2
SS_4	23	12	7	4	3
SS_6	18.1	6.85	2.59	1.44	1.1
SS_8	28.8	13.4	8.8	6.3	3.1
SS_9	17.6	6.6	2.3	1.4	1.13

4.5.2　交—直—交型机车特性

与直流电动机相比，三相异步电动机不使用换向器，功率相同时，异步电动机的质量更轻、体积更小，可使机车转向架簧下部分质量相应减少，在机车通过曲线时，轮轨之间侧向压力也就相应减少，这对高速行车尤为重要。同时，由于异步电动机体积减小，空间利用好，便能选择更为合适的悬挂方式，从而简化了转向架结构。异步电动机的正转（牵引）、反转（制动）状态的转换，通过机车控制电路就能实现，不需要改变主电路，所以机车主电路中的两位置转换开关可省去，主电路变得十分简单，使整车的可靠性大大提高。三相异步电机结构简单，几乎无需维修。

交—直—交型电力机车和动车组使用交流异步电动机为牵引电动机提供牵引动力，也称作交流传动电力机车和动车组。交—直—交主电路分电压型和电流型两种，目前电力机车和动车组都用电压型主电路，其原理如图 4-11 所示，机车通过受电弓与接触网接触，将网压引入车载主变压器一次侧绕组，经主变压器二次侧绕组降压后送入整流环节，将交流电转换为脉动直流电，经直流环节平滑脉动后，送入逆变环节，将直流电逆变为电压和频率可调的三相交流电，经平波电抗器供给三相异步牵引电动机，实现牵引运行。

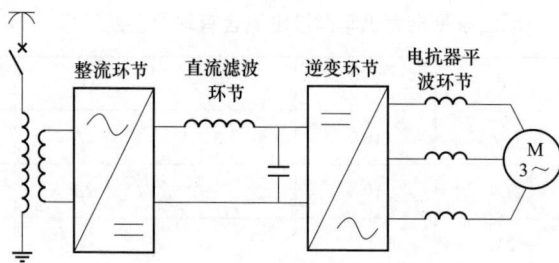

图 4-11　电压型交—直—交型电力机车主电路原理

整流环节的作用是将交流电转换为直流电，通过不可控整流桥、相控整流桥、四象限脉冲变压器等电路完成；直流环节是平滑整流器输出的脉动纹波，消除或减少谐波含量，改善机车的功率因数；逆变器是将直流电转换为三相交流电，一般采用正弦波脉宽调制（PWM）实现较宽范围的调频和调压；平波电抗器的作用是降低电动机、电缆中高频成分，控制噪声传播，抑制电动机起动过程中的谐波分量，并且在频繁断开电动机电路时不损坏变频器。

我国京津城际铁路运行的列车采用 CRH2 型和 CRH3 型动车组。CRH2 是中国南车四方机车车辆股份有限公司引进日本川崎重工技术生产的。该动车组以新干线 E2-1000 型动车组为原型车，运营速度为 200km/h，最高速度为 250km/h。CRH2A 型编组方式是 4 动 4 拖。CRH2B 型为双编组重联动车组，在 CRH2A 基础上扩编至 16 节。CRH2E 为 16 节双编组的卧铺动车组。CRH2C 型为 8 辆编组，最高速度可达 350km/h。以 CRH2 动车组为**例**，典型工况的电压电流波形如图 4-12 和图 4-13 所示，厂方提供的技术条件规定的谐波含有率上限值见表 4-3，各次谐波电流远小于国际相关规定，对电力系统影响很小。

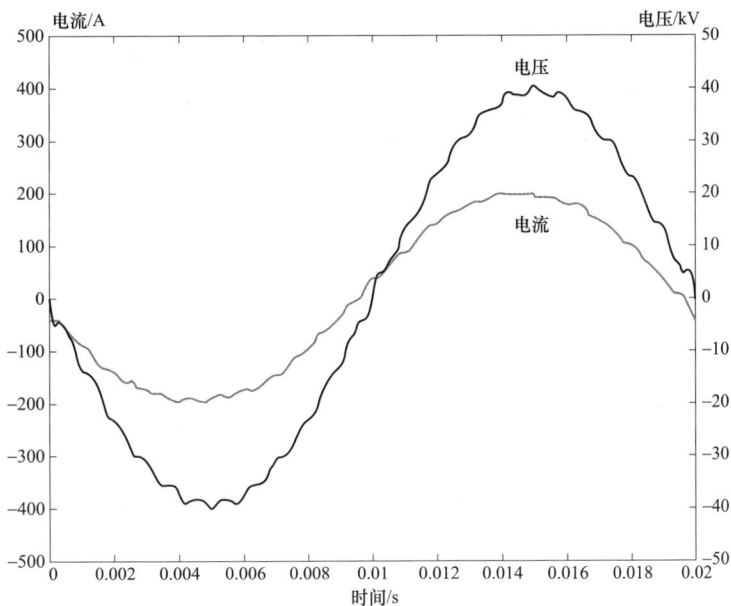

图 4-12　CRH2 网压网流典型波形（电压 27.9kV，电流 142A）

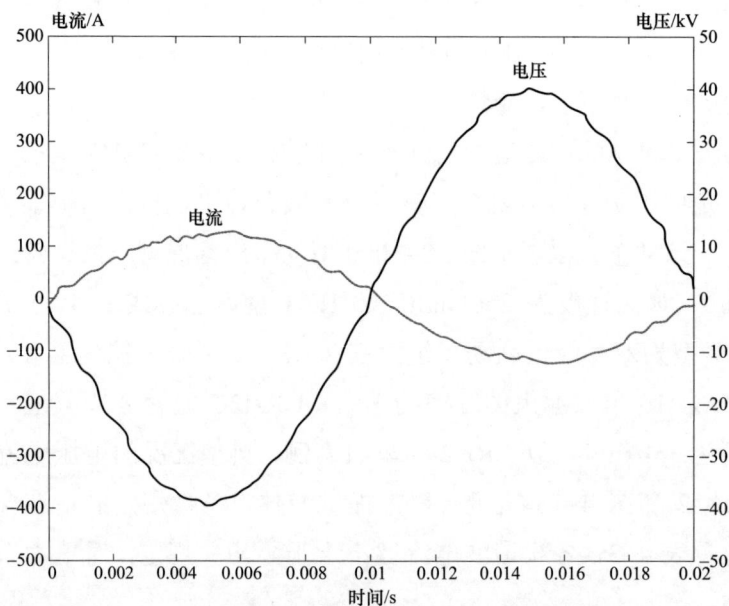

图 4–13　CRH2 网压网流典型波形（电压 27.8kV，电流 87A）

表 4–3　　CRH2 动车组技术条件规定的谐波含有率上限值（%）

受电电压	5 次	7 次	11 次	13 次	17 次	19 次	23 次	23 次以上
22kV 以上	6.7	3.8	3.1	2.6	1.9	1.8	1.5	1.5

CRH3 是中国北车唐山轨道客车有限责任公司引进德国西门子技术生产的。该动车组以 ICE3 动车组为原型车，运营速度为 300km/h。列车编组形式为 4 动 4 拖，可两列重联，总牵引功率为 8800kW。额定工况时单编组 8 节列车的谐波电流见表 4–4。

表 4–4　　CRH3 单车满载时谐波电流（A）/含有率（%）

频率（Hz）	谐波次数	单车最大谐波电流（A）/含有率（%）
100	2	0.209/0.06
150	3	6.097/1.73
200	4	0.104/0.03
250	5	0.729/0.21

频率（Hz）	谐波次数	单车最大谐波电流（A）/含有率（%）
300	6	0.011/0.00
350	7	0.355/0.10
400	8	0.260/0.07
450	9	0.022/0.01
500	10	0.205/0.06
550	11	0.485/0.14
600	12	0.013/0.00
650	13	1.469/0.42
700	14	0.283/0.08
750	15	1.138/0.32
800	16	0.251/0.07
850	17	0.493/0.14
900	18	0.004/0.00
950	19	0.353/0.10

CRH2 和 CRH3 混跑情况下，在牵引变电所馈线处测得的谐波电流含有率分布如图 4-14 所示，该图以相角和谐波含有率为坐标，将测试点的各次谐波电流相对于基波电压的相角记作各谐波电流的相角，作出的 24h 内各次谐波极坐标的散点图。

为反映机车负荷的谐波分布特性，图 4-14 中已将馈线空载时的谐波数据去除掉。从图中可见，3、5、7、9 等低次谐波的散点图偏离圆心在各象限都有分布，各象限分布并不均匀。3、5 次谐波主要集中在 2、3 象限，随着谐波次数的增大，11 次以上谐波的散点图分布在以圆心为中心的 4 个象限，呈现较均匀分布的特征。但是，高次谐波中的 25 次谐波比较特殊，分布不均匀，且谐波含有率相对其他高次谐波更大。

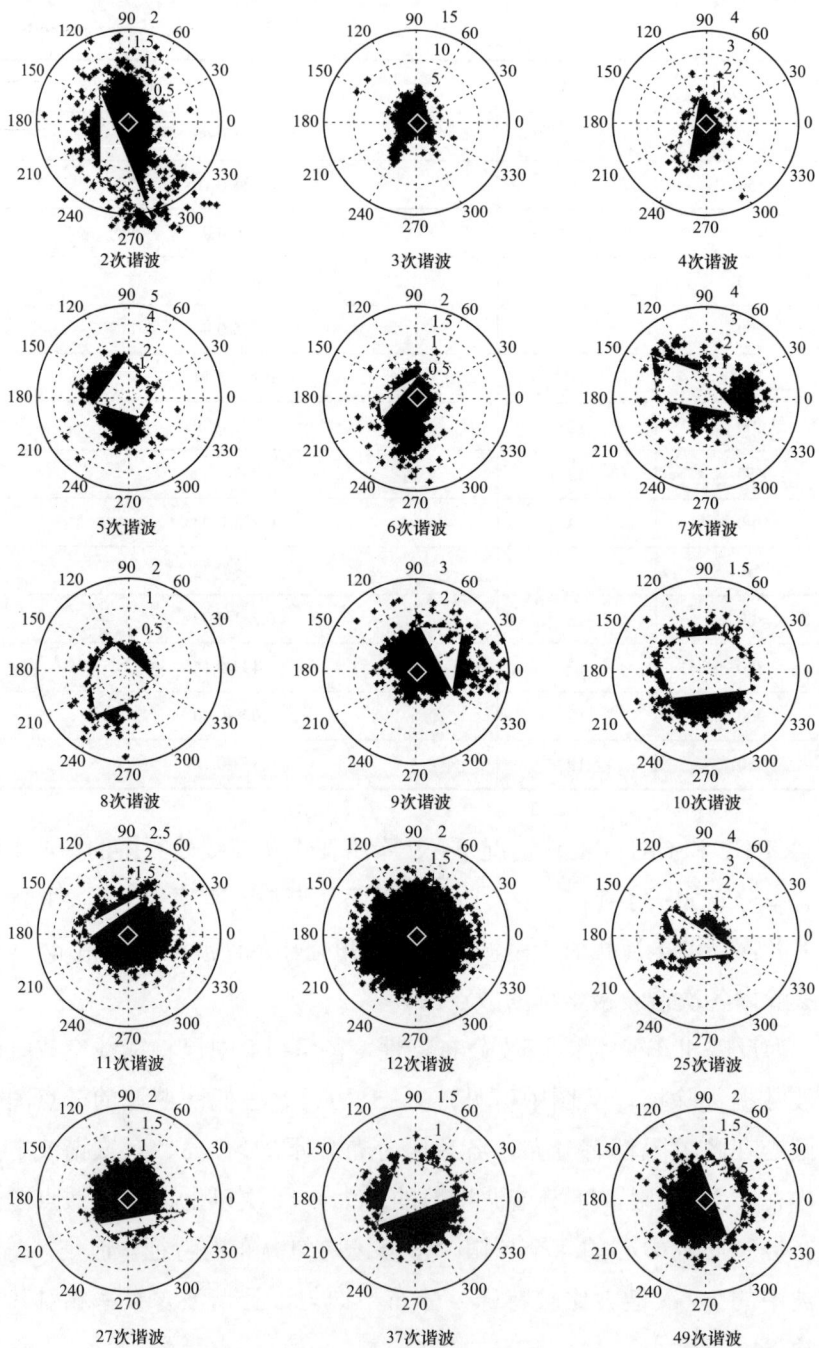

图 4-14 谐波电流含有率散点图

总的来说，由于交—直型电力机车采用了相控整流方式，其正常工作时产生的谐波含有率较高，对电力系统造成的影响较大；相对而言，交—直—交型电力机车和动车组采用了 PWM 整流方式，通过 IGBT 控制机车的出力，使电流波形逼近正弦波，且电流与电压的相位基本同步，因此，交—直—交型电力机车和动车组的谐波含量很小，功率因数很高，克服了交—直型电力机车功率因数低、谐波含量丰富的缺点，从根本上解决了电气化铁路牵引供电系统功率因数和谐波问题，对电力系统的影响已经显著降低。

4.6 牵引变电所电能质量控制技术的应用案例

4.6.1 三相系统侧 TCR+牵引侧两相 FC 方案

神（木）朔（州）铁路的建成及投运给陕西神府煤田的开发和运输带来了诸多便利。但是，由于陕北电力系统比较薄弱，与关中电力系统属长线路、弱联系运行，因此神朔铁路在增加铁路运力、提高运行速度、减少污染的同时，对陕北电力系统和中电国华神木发电有限公司发电机组的安全和稳定经济运行带来了不良影响，主要表现在：① 大功率整流负荷的非线性，产生丰富的谐波，使供电力系统波形发生严重畸变；② 单相供电牵引负荷特性，产生大量负序电流，对电力系统三相供电系统对称运行和发电机影响严重；③ 负荷的大功率和冲击性，引起电力系统供电系统电压的严重偏移和波动，影响电力系统供电质量与安全；④ 大量的、波动的无功需求，使供电电压偏差加大，影响系统运行的经济性。

经过长期的考察、调研、分析、论证，综合神朔电气化铁路的运行工况、电力系统连接方式、系统参数，最后决定在神新线实施三相系统侧加装 SVC（TCR 和固定电容器）装置的方案。

神新线方案是将三相 TCR 连接在给电气化铁路供电的多条 110kV

输电线路公用分支点，补偿所需无功，平衡多个牵引变电所负序，滤除谐波，使电能质量指标达标。该方案由 110kV 输电线路神朔电气化铁路分支点的固定电容器兼滤波器（FC）与晶闸管控制的电抗器（TCR）组成，增加一台变比为 110kV/35kV 的三相变压器，相控电抗器连接在 35kV 侧，相控电抗器部分采用三角形接线，滤波器三相接线可为三角形或星形。固定电容器兼滤波器（FC）连接在 35kV 侧，一般采用 Y 形接线。SVC 接线方式如图 4-15 所示。运行效果达到了预期目标。

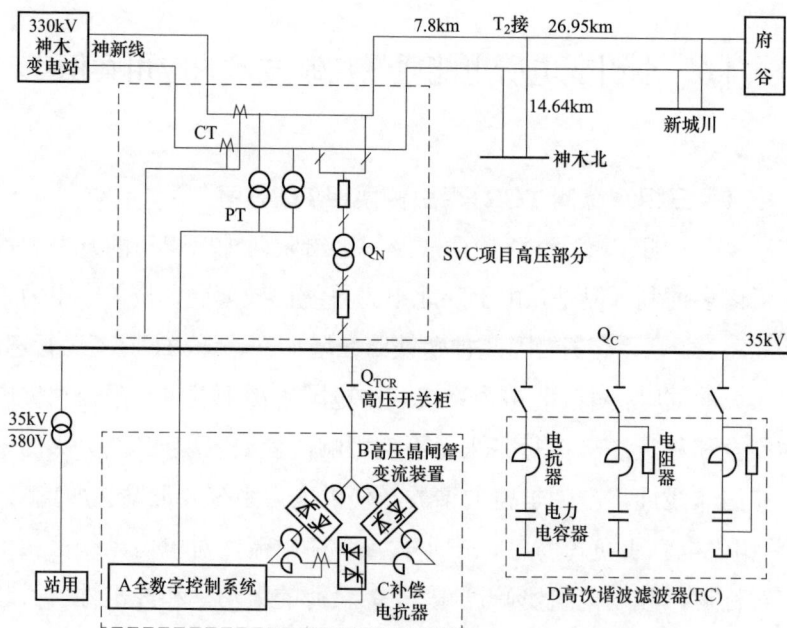

图 4-15　神朔铁路采用的 110kV 三相系统侧 SVC 方案

4.6.2　牵引侧两相 FC+TCR 的方案

京沪线三界牵引变电所采用的是在牵引变电所 27.5kV 侧两供电臂实施直挂式 TCR 和 FC 动态无功补偿方案，其接线原理如图 4-16（a）所示，补偿装置部分的平面布置如图 4-16（b）所示。主要解决供电臂空载时的无功反送问题，提高牵引变电所平均功率因数，从而解决电力供电部门对电气化铁路的无功罚款问题，并对瞬时无功冲击进行快速补偿以解决线路电压下降问题。

固定电容器支路 FC 在母线电压下吸收固定的容性无功功率 Q_F，并提供滤波通路，TCR 的无功功率 Q_T 随负载无功功率 Q_L 的变化而变化，且两者之和为感性无功功率，在一定范围内维持恒定，与 FC 的容性无功功率相抵消，使系统总的无功功率 Q_S 维持不变，电力系统功率因数保持在较高水平，同时使接触网电压保持在规定的范围内。

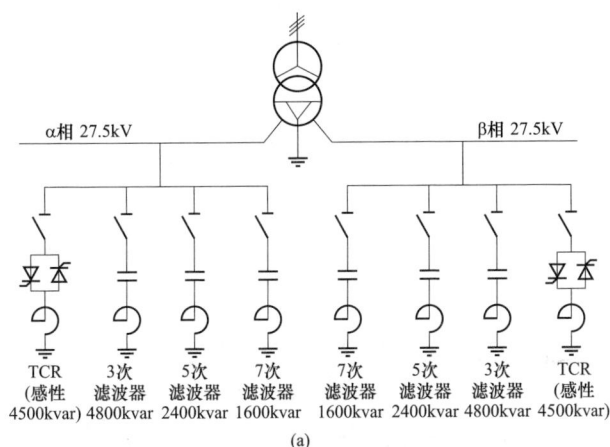

(a)

(b)

图 4-16 三界牵引变电所 27.5kV 侧直挂式 TCR 和 FC 方案

（a）27.5kV 侧直挂式 TCR 和 FC 方案接线原理；（b）补偿装置平面布置

4.6.3　牵引侧两相 FC+TSC+TSR 的方案

永嘉堡牵引变电所担负着京包兰线沙坡头—镇锣堡间的电力牵引供电任务，牵引变电所为两台 40MVA 变压器互为热备用的运行方式，原有的并联电容补偿装置是固定的，其无功出力是不可调的，在牵引负荷大的情况下处于欠补偿状态，牵引负荷变小时又处于过补偿状态，长期以来无法满足频繁、随机变化的牵引负荷对无功"返送正计"的功率因数要求，功率因数极低，罚款严重。

因此提出对永嘉堡牵引变电所进行无功补偿改造，即在原有 27.5kV 母线固定电容器 FC 补偿基础上，实施无功动态并联综合补偿方案，如图 4–17 所示。动态补偿装置分为主回路和控制两部分，主回路主要包括：协调变压器（XTB）、真空断路器（DL1，DL2）、隔离开关、滤波器组（1C—nC，1LB—nLB）、电抗器组（1XBL—nXBL）、避雷器及 RC 吸收装置、电流互感器、电压互感器等；控制部分主要包括：晶闸管开关柜（1K—nK）、继电操作和保护屏、计算机测控系统屏、仪表变送屏等。动态补偿装置的工作原理如下：

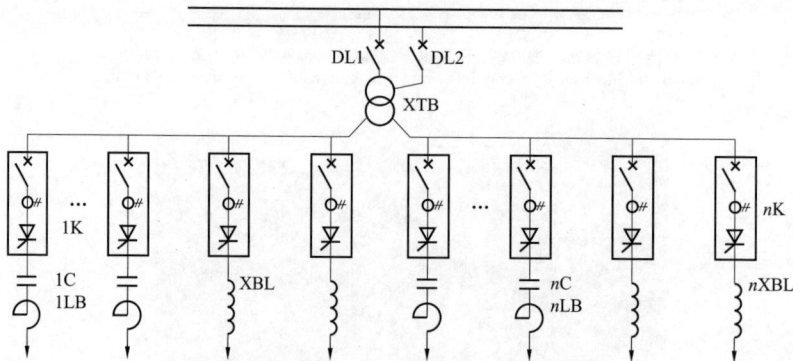

图 4–17　牵引侧两相 FC+TSC+TSR 方案

（1）无行车时：全部切除协调变压器低压侧滤波支路，投入协调变压器低压侧电抗器组吸收原有 27.5kV 母线固定电容器组的基波无功。

（2）有行车时：当接触网电压为 19～30kV 且无功功率达到 700kvar 以上时，控制系统在延时 100ms 后，投入协调变压器低压侧一组电容器，无功功率每增加 700kvar 顺序投入下一组电容器,直到全部电容器投入;当检测无功功率低于 500kvar 延时 100ms 后,顺序切除协调变压器低压侧电容器组;当检测无功功率突然低于 100kvar 延时 100ms 后,快速连续切除各级电容器组;当检测网压高于 30kV 或低于 19kV 时,延时 500ms 后,快速连续切除各级电容器组。

运行表明,晶闸管开关可以过零、频繁、快速、分组投切协调变压器低压侧的电抗器组和电容器组,可有效地避免投切时的过电压、过电流,并有利于延长设备的使用寿命。在考虑无功"返送正计"的情形下,采用带有协调变压器的 TSC+TSR 可调无功补偿(与谐波治理)方案,可有效地提高既有牵引变电所的功率因数,使其达到 0.92 以上,从而可大大减少因功率因数偏低带来的严重罚款。

4.6.4　牵引侧两相 FC+APF 混合补偿方案

上海南翔牵引变电所由静宜变电站通过 110kV 输电线送电,南翔站电气化铁路负荷设计为 SS$_9$ 与 SS$_4$ 韶山型电力机车,电力部门在静宜变电站的公共连接点(PCC)对铁路牵引负荷引起的电能质量问题进行考核。考虑到南翔牵引变电所外部电源引自开发区的 220kV 变电站,开发区内 IT 工厂对电能质量要求较高,铁道部和国家电力公司联合研究决定在南翔进行综合治理试点,以期为解决电气化铁路负序、无功功率及谐波补偿问题提供借鉴。

南翔牵引变电所采用阻抗匹配平衡变压器,采用的有源无源滤波混合补偿方案如图 4–18 所示,有源部分采用背靠背的 SVG 结构,左右 2 个供电臂的无功功率补偿容量各为 ±2.4MVA。采用电流跟踪控制,既能快速补偿无功电流,还能快速补偿 3、5、7 次等低次谐波。由于采用了背靠背结构,有功电流可以在 2 个桥臂间流动,因此结合阻抗匹配平衡变压器的平衡特性,可以增强负序电流补偿的能力。为了滤除稳定的 3、5、7、9 及高次谐波,在牵引桥臂上还采用了 LC 型 3、5 次滤波器,其基波容量分别为 2.4MVA 与 1.2MVA。

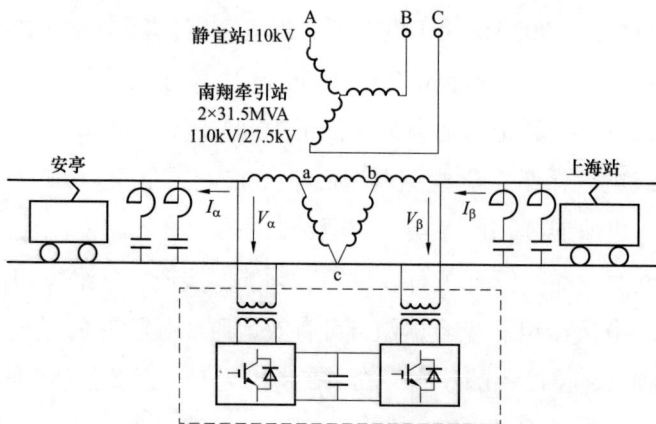

图 4–18　上海南翔牵引变电所有源无源混合补偿方案

　　有源无源滤波混合补偿方案的等效电路如图 4–19 所示，其中有源补偿部分可等效为可控的电流源，而无源滤波部分可以等效为一个谐波电抗。对于负荷的谐波，有源部分采用的电流补偿策略为 $i_{APF} = k \cdot i_{Lh}$，其中 k 可以根据谐波补偿的需要及与无源部分的配合来选择。

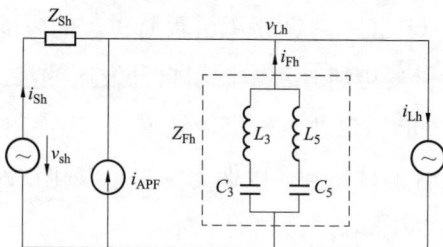

图 4–19　有源无源混合补偿滤波原理

4.6.5　电压波动补偿装置（RPC）

　　2002 年 12 月，日本东北新干线的盛冈到八户 96.6km 的延长线开通营运。该区间的变电所预定位置和输电线的距离较远，采用超高压进线比较困难。因此，通过对系统短路容量和负荷容量进行研讨，决定以 154kV 受电，在变电所设置以背靠背 SVG 结构为核心的电压波动补偿装置（Railway Static Power Conditioner，RPC），从而减小牵引负荷对三相电力系统产生的影响。

RPC 通过在牵引变压器的二次侧的母线接上变压器,同时进行回路间的有功功率流通和无功功率补偿,以此实现三相不平衡补偿和电压变动补偿,与此同时,还具有对列车产生的高次谐波电流进行补偿的功能。

4.6.5.1 RPC 的基本原理

（1）平衡原理。

RPC 的基本构成如图 4-20 所示。Scott 接线变压器二次侧的 M 座和 T 座的牵引母线（feeding bus）上连接 2 台单相换流器,并与直流环节相连,即为潮流控制器。2 台换流器分别控制连接母线电压的输出相位和幅值,这样可以相互交换有功功率和无功功率。另外,M 座和 T 座之间,共用直流环节使有功功率的流通成为可能。

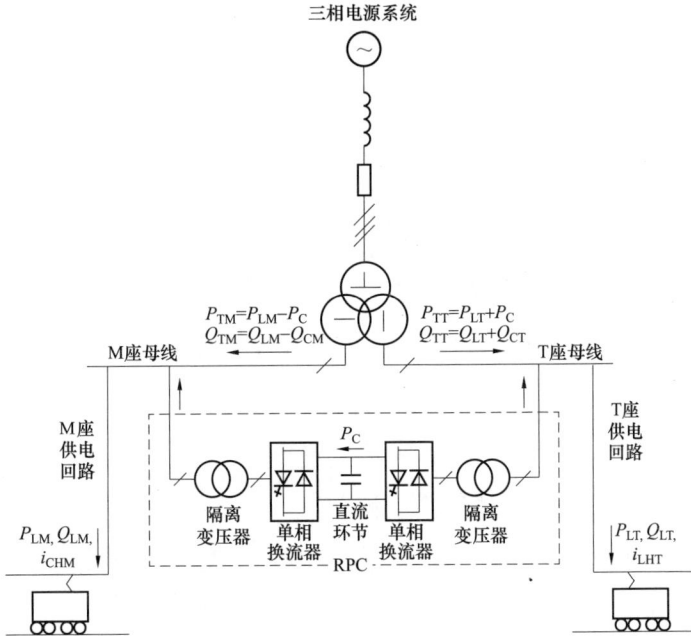

图 4-20 变电所接线和 RPC 的基本构成

设置 RPC 的目的是实现三相电压波动的最小化,最基本的控制目标为 M 座侧和 T 座侧的单相负荷功率相等,而且两相的功率因数为 1.0。也就是说,两个供电臂间的有功功率相互流通使 M 座侧和 T 座侧的有功功率相等，并对 M 座侧和 T 座侧的无功功率补偿为零。从 M 座到 T 座的有功功率流通量 P_C 是根据 M 座负荷有功功率 P_{LM} 和 T 座负荷有功功率 P_{LT} 的差按比例进行分配得到的值，即

$$P_C = \frac{1}{2}(P_{LM} - P_{LT}) \qquad (4\text{-}6)$$

M 座和 T 座的无功功率补偿量 Q_{CM} 和 Q_{CT} 分别和 M 座负荷的无功功率 Q_{LM} 和 T 座负荷的无功功率 Q_{LT} 的值相等，即

$$\left. \begin{array}{l} Q_{CM} = Q_{LM} \\ Q_{CT} = Q_{LT} \end{array} \right\} \qquad (4\text{-}7)$$

此时，M 座和 T 座的换流器输出功率 $\dot{C}_M$ 和 $\dot{C}_T$ 分别为

$$\left. \begin{array}{l} \dot{C}_M = -P_C + jQ_{CM} \\ \dot{C}_T = P_C + jQ_{CT} \end{array} \right\} \qquad (4\text{-}8)$$

要指出的是，该式采用有功功率和无功功率的矢量化来表示功率。当然，$\dot{C}_M$ 和 $\dot{C}_T$ 的绝对值各自不能超过实际换流器容量 C_{0M} 和 C_{0T}。

M 座和 T 座的负荷电流为 I_{LM} 和 I_{LT}，RPC 输出补偿电流为 I_{CM} 和 I_{CT}，补偿结果的电流为 I_M 和 I_T。通过 RPC 的补偿作用，M 座和 T 座的电流 I_M 和 I_T 的大小相等，功率因数被补偿为 1.0，即

$$\left. \begin{array}{l} \dot{I}_M = \dot{I}_{LM} - \dot{I}_{CM} \\ \dot{I}_T = \dot{I}_{LT} - \dot{I}_{CT} \end{array} \right\} \qquad (4\text{-}9)$$

RPC 的补偿作用的结果是三相系统中的功率达到平衡，相电压和相电流变成同相位。此时，三相电压波动基本上变成只受系统阻抗的电阻部分的影响，得以控制在最小范围之内。如果控制不让 M 座和 T 座之间的有功功率流通发生，对 M 座、T 座的无功功率进行补偿使之为零时，由于负序电流存在的缘故，R 相和 T 相电流不会和相电压同相。由于这个原因，系统阻抗的电抗部分以及电阻部分的影响使电压波动状况持续。

（2）同相供电时的补偿。

仅采用 M 座或 T 座对变电所两侧的供电臂进行供电叫做同相供电。此时，如果使用牵引变电所的标准接线，设置在变电所的 RPC 在 M 座和 T 座之间进行有功功率流通会比较困难。但是，即使如此，通过对供电臂的无功功率进行补偿，仍然有利于三相电压波动补偿。同时，谐波补偿也是可能的。

设同相供电中的负荷的有功功率为 P_L，无功功率为 Q_L，则 RPC 应该输出的无功功率 Q_C，就是负荷的无功功率，即

$$Q_C = Q_L \qquad (4\text{--}10)$$

（3）谐波补偿。

PWM 控制的电压型换流器能从直流侧电容器电压对交流侧产生任意时刻的电压脉冲电流。因此设置在变电所的 RPC 作为有源滤波器，对供电臂牵引负荷产生的谐波电流进行监控，发挥补偿作用。

（4）供电臂末端电压的补偿。

越区供电时，设置了 RPC 的变电所成为供电臂末端。此时，RPC 能测出供电臂末端的电压，计算出电压降补偿需要的无功功率，对供电回路输出无功功率，从而对供电臂末端的电压进行补偿。JR 各公司普遍使用分区所（SP）设置单相 SVC 来完成补偿功能。

设变电所到供电臂末端的负荷的阻抗为 $Z = R + jX$，负荷的电流，有功功率，无功功率和功率因数分别为 I，P，Q 和 θ。这样，补偿电抗部分的电压降时，RPC 应该输出的补偿无功功率 Q_C 为

$$Q_C = Q + \frac{X}{R}P \qquad (4\text{--}11)$$

4.6.5.2 日本东北新干线使用的 RPC

（1）RPC 的规格和结构。

RPC 的设置方法见表 4–5，设置 RPC 的变电所单线接线如图 4–21 所示，主回路构成如分别图 4–22 和图 4–23 所示。

表 4-5　　　　　　　　　　　RPC 的 规 格

项　　目	规　　格	
控制目标	系统电压的电压波动率：3%以下 三相电流不平衡度：3%以下	
单座最大输出功率	5MVA×2	
交流电压·电流	60kV·83A	
最大频率	50Hz	
直流电压	新沼宫内：3kV+3kV	新八户：1.7kV
适用元件	新沼宫内：6kV/6kV GCT	新八户：IGBT
换流器构成	新沼宫内：单相 2 并 新八户：单相 4 并	
冷却方式	纯水—不冻液循环风冷方式	
控制功能	RPC 控制模式（正常供电构成）	
	SVC-Q 模式（同相供电构成）	
	SVC-V 模式（越区供电构成）	
	有源滤波器功能	

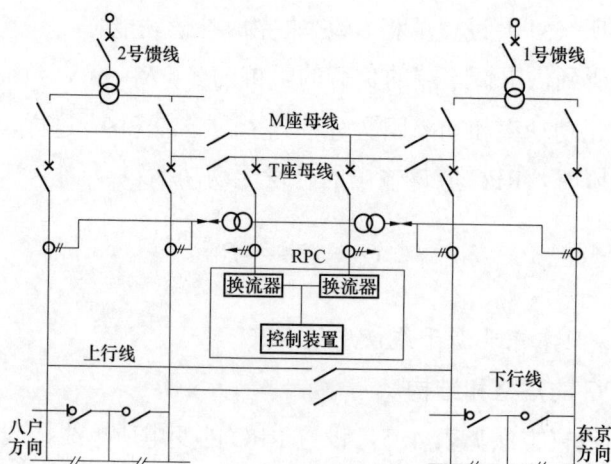

图 4-21　供电变电所单线接线

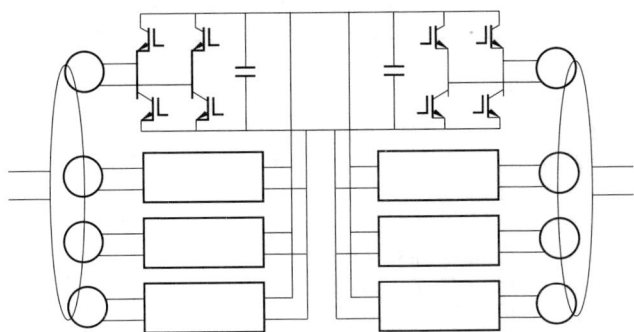

图 4-22　新八户变电所 RPC 回路构成（单相 4 并）

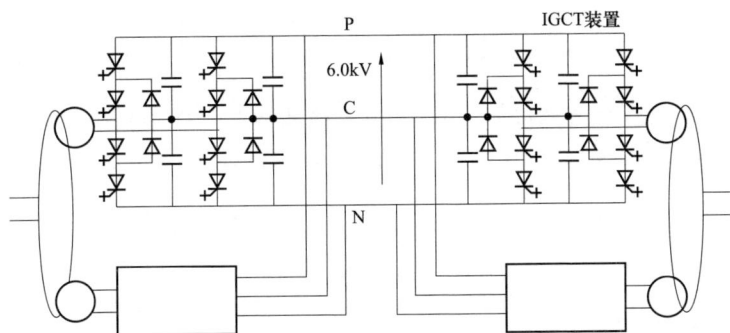

图 4-23　新沼宫内变电所 RPC 回路构成（单相 2 并）

要使 RPC 具有有源滤波器功能，就要提高等效开关频率。为此选用容量相对较大且能高速开关的元件，另外，隔离变压器也为多重构造。实际为图 4-22 和图 4-23 所示的两台 RPC 同时运行，单座输出功率达到 10MV·A。两台 RPC 独立运行，其中一台运行时另外一台备用。

（2）控制模式和运行形式。

RPC 根据变电所内的隔离开关和断路器的"投切"状态判断供电系统运行状态，然后对表 4-6 中的 3 种控制模式进行选择。这 3 种控制模式分别是正常供电时的 RPC 模式、同相供电时的 SVC-Q 模式、越区供电时的 SVC-V 模式。各种控制模式都具备以下 4 种控制功能。

控制模式	主要的运行形式	适用控制
两相供电 （RPC）	正常供电 • 上下线并列 • 上下线汇总供电 • 上下线分离供电 • lambda 供电	• P、Q 控制 • H 控制
同相供电 （SVC-Q）	M 或 T 座单座供电 • 转换使用同相供电 • SN 使用同相供电	• Q 控制 • H 控制
SS 越区供电 （SVC-V）	自变电所不供电 • 转换使用 母线越区供电 • SN 使用 母线越区供电	• V 控制

1）有功功率流通控制和无功功率补偿控制（P、Q 控制）。测出各座负荷的有功功率差和无功功率，利用有功功率流通控制使各座的有功功率流通，使流往 Scott 接线变压器二次侧的有功功率相等。同时利用无功功率补偿控制进行无功功率补偿，使 Scott 接线变压器二次侧的无功功率为零。

2）无功功率补偿控制（Q 控制）。该控制只进行 P、Q 控制中的无功功率补偿。

3）列车的谐波补偿控制（H 控制）。检测出列车负荷产生的 3 次、5 次谐波，通过 RPC 供给相反相位的谐波电流成分，减少 Scott 接线变压器二次绕组的谐波电流。

4）接触网电压补偿控制（V 控制）。越区供电时，线路阻抗增加，供电电压降低。供电电压下降到低于设定电压时，RPC 主动供给无功功率，补偿电压。

（3）RPC 的控制。

图 4-24 所示为控制框图。以前，设置在变电所的大容量换流器是接在三相侧，但是 RPC 要求接在单相回路使单相功率流通。为解释如何达到式（4-11）所示输出功率，下面对单相换流器的电流控制方法进

行说明。

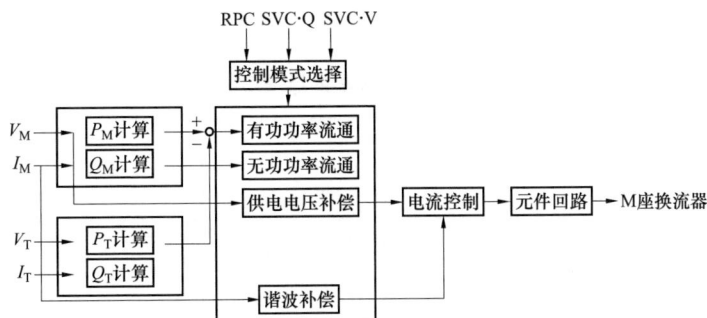

图 4–24　RPC 控制框图

如图 4–25 所示，设电源供电电压值为 V_S，换流器的输出电流为 I，换流器的输出电压值为 V_i，电抗器为 L。利用流通功率计算得电流指令 I^* 的有功部分 I_p^* 和无功部分 I_q^* 分别为

$$\left.\begin{array}{l} I_p^* = \dfrac{P_C}{V_s} \\[2mm] I_q^* = \dfrac{P_{CM}}{V_s} \end{array}\right\} \tag{4-12}$$

根据如图 4–26 所示的矢量的关系计算得出电流指令 I^*。

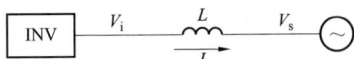

图 4–25　系统模型

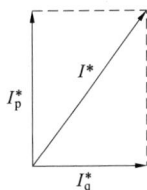

图 4–26　电流的矢量图

（4）各控制功能的容量分配。

由于 RPC 设备容量不是完全补偿，为了满足系统侧电力公司关于电压波动率的规定而选择需要的容量，因此有必要找出最合适的容量分配。根据对营运列车负荷的预测及分析，针对各个时刻的有功功率流通容量和无功功率补偿容量、谐波补偿容量的分配以及接触网的电压补偿水平，制定出了表 4–7 所示的标准值。需要指出的是，由于 RPC 的最

147

主要的目的是抑制系统电压波动，因此负荷变大时，RPC 的容量全部分配给 P、Q 控制，对谐波补偿控制进行限制。

表 4-7　　　　　　　　　补偿容量分配的标准值

控制模式	补偿内容	标准值
RPC	有功功率流通（P）	80%
	无功功率补偿（Q）	60%
	谐波补偿（H）	20%
SVC-Q	有功功率补偿（Q）	100%
	谐波补偿（H）	20%
SVC-V	末端电压补偿（V）	90%（27kV）

4.6.6　阻波高通滤波器与高次谐波谐振治理方案

近些年，我国高速铁路迅速发展，基于 IGBT、IGCT 等全控性器件的交—直—交变流器技术在高速铁路和客运专线运行的动车组上得到广泛应用。与传统的交—直型机车相比，交—直—交型机车和动车组牵引负荷的功率因数接近 1，无需无功补偿，3、5、7 次等低频段的高次谐波电流得到显著改善，但是 20 次以上的更高次谐波含量反而有所增加。当高频段的谐波电流频率与牵引供电系统的自然频率发生重叠时，易引发牵引供电系统高次谐波谐振，使电压、电流严重畸变，造成系统过电压、过电流，影响列车的安全运行。在牵引供电系统中增加高通滤波器可以解决牵引供电系统高次谐波及谐振现象，但既有的几种高通滤波器都存在了种种问题，不适于大规模推广使用，因此，提出一种新型的阻波高通滤波器。

4.6.6.1　既有高通滤波器

高通滤波器又称阻尼滤波器，即在高频率时呈现低阻抗，而在低频率时呈现高阻抗。高通滤波器可分为一阶、二阶和三阶高通滤波器。

（1）一阶高通滤波器。

一阶高通滤波器结构简单，如图 4-27 所示，其阻抗频率特性为

$$Z(\omega) = R(\omega) + X_c(\omega) = R(\omega) + \left(\frac{1}{j\omega C}\right)$$

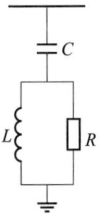
图 4-27 一阶高通滤波器结构

式中　C——电容器组电容值；

　　　R——电阻器电阻值。

一阶高通滤波器的优点是结构简单，造价低，运行维护方便，但缺点是工频功率损耗大。

（2）二阶高通滤波器。

二阶高通滤波器是目前使用最为广泛的高通无源滤波器，日本新干线滤波系统中即使用二阶高通滤波器用以滤除高次谐波，因此在牵引供电系统中又称其为二阶高通滤波器。其结构如图 4-28 所示，且阻抗频率特性为

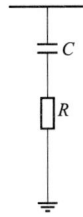
图 4-28 二阶高通滤波器结构

$$Z(\omega) = \frac{X_L(\omega) \cdot R(\omega)}{X_L(\omega) + R(\omega)} + X_c(\omega)$$

$$= \frac{\omega^2 L^2 R + j\omega R^2 L}{R^2 + \omega^2 L^2} - j\frac{1}{\omega C}$$

式中　L、C——电抗器电感值、电容器组电容值；

　　　R——阻尼电阻的电阻值。

滤波器调谐于 ω_0

$$\omega_0 = \frac{1}{\sqrt{LC}}$$

二阶高通滤波器与一阶高通滤波器相比，因增加了并联电感通路而减少了工频功率损耗。

（3）三阶高通滤波器。

三阶滤波器的结构相对复杂，其结构如图 4-29 所示，通常设 $C_1 =$

$C_2 = C$，则三阶滤波器的阻抗频率特性为

$$Z(\omega) = \frac{X_L(\omega) \cdot [R(\omega) + X_{c2}(\omega)]}{X_L(\omega) + R(\omega) + X_{c2}(\omega)} + X_{c1}(\omega)$$

$$= \frac{\omega^4 R(LC)^2 + j[\omega^3 R^2 LC^2 - \omega L(\omega^2 LC - 1)]}{\omega^2 (RC)^2 + (\omega^2 LC - 1)^2} - j\frac{1}{\omega C}$$

滤波器调谐于 ω_0

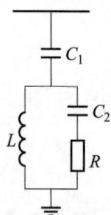

图4-29　三阶
高通滤波器结构

$$\omega_0 = \frac{1}{\sqrt{LC}}$$

三阶高通滤波器进一步减小了功率损耗，通过合理的设计，可使其损耗接近于0，但其结构复杂，参数设计困难，造价也相对较高。

上述3种滤波器通过合理的参数设计，可使其在高频下呈现低阻抗，滤除高次谐波，但3种高通滤波器在工频下均要从系统吸收大量无功功率，而在功率因数接近于1的系统中，尤其是高速铁路中，这将降低系统的功率因数，造成设备的浪费。

4.6.6.2　阻波高通滤波器

提出一种二阶阻波高通滤波器，结构如图4-30所示。

阻波高通滤波器的阻抗频率特性为

$$Z_F(\omega) = \frac{X_L(\omega) \cdot X_c(\omega)}{X_L(\omega) + X_c(\omega)} + R(\omega)$$

$$= \frac{j\omega L}{1 - \omega^2 LC} + R(\omega)$$

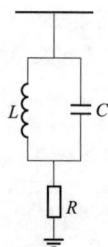

图4-30　阻波
高通滤波器结构

可以看出，当 $\omega_0 = 1/\sqrt{LC}$ 时，$1 - \omega_0^2 LC = 0$，$Z_F(\omega_0) \to \infty$，电抗器与电容器组在此频率下发生并联谐振，对外呈现无穷大阻抗。

阻波高通滤波器可在指定频率（如工频）下电容、电感产生并联谐振，能有效避免无功功率的对外交流，并且因无该频率的电流通过电阻

而不消耗相应的有功功率，在高次谐波下，具有高通特性并对高次谐振起到阻尼作用，提高供电质量。

4.6.6.3 阻波高通滤波器特性研究

由于交—直—交型机车在高速电气化铁路中的应用，造成牵引供电系统存在频谱较宽的高次谐波电流，可能引发牵引网谐波谐振或放大，因此可将阻波高通滤波器用于牵引供电系统中用以滤除高次谐波。图 4-31 所示为电气化铁路直接供电方式下的阻波高通滤波器接入方案，滤波器放置于变电所出口处接触网（T）和钢轨（R）之间进行滤波；图 4-32 所示为 AT 供电方式下的阻波高通滤波器接入方案，将两组阻波高通滤波器接入分区所中的 T—N 和 F—N 线之间，可分别通过 T—N 线和 F—N 线进行滤波，形成较完备的滤波方案。

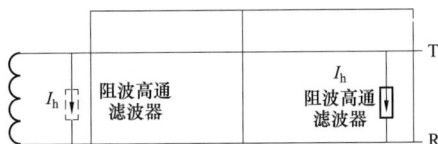

图 4-31　直接供电方式下高次滤波方案示意

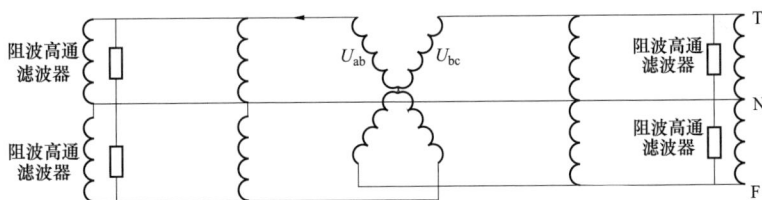

图 4-32　AT 供电方式下高次滤波方案示意

阻波高通滤波器的阻抗频率特性曲线如图 4-33 所示。由图 4-33 可以看出，工频下，阻波高通滤波器阻抗趋向无穷大，在基波下对外不交换无功功率，并且因无基波电流通过电阻而不消耗相应的有功功率，实现阻波性；随着频率的增大，其滤波器阻抗迅速减小，阻波高通滤波器在高频下呈现低阻抗，为高次谐波提供通路，实现高通性。

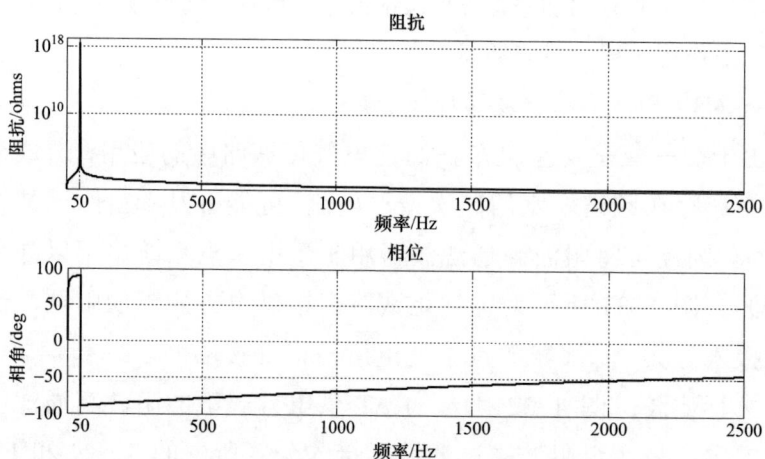

图 4-33 阻波高通滤波器阻抗频率特性曲线

阻波高通滤波具有工频高阻、高频低通以及低损耗等优点，它能有效地避免与系统交换无功功率，工频下无电流通过电阻而不消耗相应的有功功率，在高次谐波下，具有高通特性并对高次谐振起到阻尼作用，适用于高次谐波含量丰富、功率因数接近于 1 的系统，尤其是高速铁路牵引供电系统中。

5 电气化铁路新型供电技术

5.1 概　　述

我国现行单相工频电气化铁路存在以下三个突出问题：

（1）过分相。牵引供电系统中，除单相接线牵引变电所外，牵引变电所和分区所均设电分相，牵引变电所处为异相电分相，分区所为同相电分相。电气列车通过电分相（称为过分相）的机电过程复杂，自动过分相装置动作频繁，寿命短，可靠性低，依然是需要攻克的技术难题，特别是在牵引变电所处的自动过分相失败时将造成异相短路故障。

（2）过分相造成的列车速度和牵引力损失。受列车速度、长大编组双弓受流影响，高速铁路中性段长度增加到 1km 左右，约 5%的供电线路属于无电区，严重影响牵引供电系统整体性能；重载列车速度低，过分相时列车速度进一步降低，如果电分相处于大坡道上，则易造成坡停，后果严重。总之，过分相成为高速、重载铁路牵引供电系统中最薄弱的环节。

（3）以负序为主的电能质量问题。目前，电气化铁路牵引供电系统运行方式主要由牵引变电所的牵引变压器接线方式决定，其中除纯单相接线牵引变电所外，其他都是两相（异相）供电，相对三相电力系统而言，牵引负荷具有单相独立性和不对称性。高速、重载列车牵引功率的增大也使电能质量中的负序问题愈发突出。

理论研究和科技实验表明，实现电气化铁路同相供电和更高层次的贯通同相供电是改善电能质量、取消电分相进而实现铁路、电力双赢的最佳之路。

同相供电系统是指为电力机车或动车组提供电能的各供电区间具有相同电压相位的牵引供电系统，即全线为同一相位的单相供电系统。

同相供电系统可以分为两类：一类是单相低频交流制，以德国的 $16\frac{2}{3}$ Hz 为代表；另一类是单相工频交流制，即我国和世界各国广泛采用的标准制式。当然，还可以把直流供电系统视为第三类同相供电系统，目前主要用于地铁、轻轨等城市轨道交通的牵引供电，由于历史原因，在欧洲和俄罗斯等国还用于干线铁路的牵引供电。这里只介绍和探讨单相工频交流制的同相供电系统。

5.2 全交—直—交型同相贯通供电

借助德国单相低频交流制实现的同相供电模式，可以构造单相工频模式的同相供电系统，如图 5–1 所示，该系统由牵引变电所和牵引网构成，牵引网仍用 50Hz 工频供电，全线贯通，牵引变电所由三相（降压）变压器和三相/单相交—直—交变流器（也称潮流控制器 PFC）串联而成，如图 5–2 所示。显然，牵引网的全线贯通可以取消电分相，而牵引变电所的三相/单相交—直—交变流器可以实现负序电流为零、功率因数为 1 的控制，同时把谐波控制在允许范围内，从而从根本上解决电能质量问题。

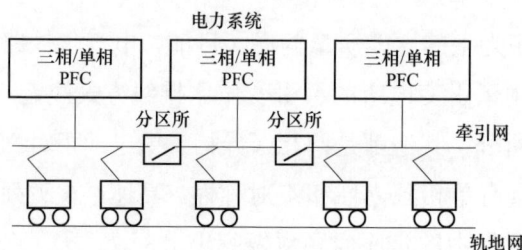

图 5–1 同相供电系统结构

从另一个角度看，牵引变电所的三相/单相交—直—交变流器实现了电力系统与牵引网的"隔离"，除了电力系统向牵引网提供正序有功功率之外，牵引供电系统不对电力系统产生（国标不允许的）干扰，而牵引网的电压、潮流可以自行调整，具有"独立性"。

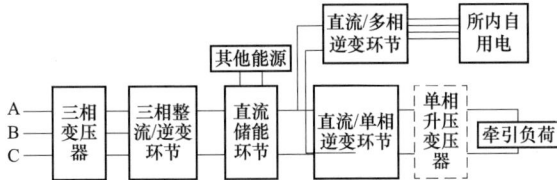

图 5-2　牵引变电所结构

在图 5-1 中，可仿单相接线牵引变电所那样，牵引馈线分成上、下行两组，分别设置断路器及相关保护，两组断路器分别用于上、下行供电区间，也便于故障切除和缩小故障范围；分区所的断路器是闭合的，实现牵引网的贯通供电。牵引变电所取电于三相电力系统，经三相变压器降压后连接三相/单相交—直—交变流器，其中直流储能环节一路经逆变环节送出牵引电压，当电力电子器件经济耐受电压足够时，可省去虚线框中的单相升压变压器，直接输出额定值为 27.5kV、50Hz 的馈线电压；另一路经逆变环节送出三相四线制电源，供所内自用电。

直流储能环节还可连接其他能源发电。这适合电力系统发展愈发强大而又分散的特点，达到环保与节能的双重目的。太阳能、风力、地热、潮汐、沼气、垃圾等都在积极参与发电，并将其称为绿色能源。直流储能环节使小容量绿色能源发电的接入更方便、更稳定，同时还能把电气列车再生制动及绿色能源多余的电能经三相逆变环节送回电力系统，向电力系统售电。从发展眼光看，铁路利用或自行参与绿色能源发电是可能的。

该同相贯通供电系统牵引馈线输出的电压可视为电压源，其大小、相角均可自行控制，如图 5-3 所示。

牵引网送电时，先将任意一个牵引变电所的牵引馈线投入，如牵引馈线 1, 设其输出电压为 $\dot{U}_1$; 然后将牵引馈线 2 输出的电压 $\dot{U}_2$ 由任意向量 $\dot{U}_2'$ 调整至与 $\dot{U}_1$ 大小、相位相同时投入, 实现与牵引馈线 1 并车, 其他依次投入, 实现同相贯通供电。

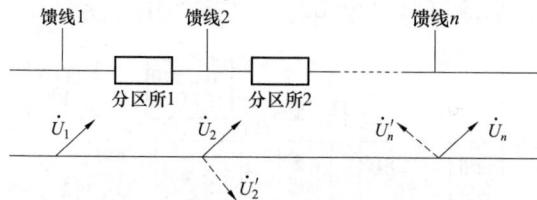

图 5-3 牵引网各馈线电压调整（并车）示意

牵引网馈线电压的可控性可以在一定范围内调整、调度牵引供电系统负荷潮流, 尽可能把每台电力机车的负荷潮流合理地分到各个牵引变电所中去。按叠加定理, 理想情况下, 全线负荷潮流之和可在 n 个变电所均分。为方便, 假设图 5-3 中分区所断路器打开, 实行分区供电, 设某一牵引馈线的潮流为 P_k, 则在理论上, 同相贯通供电时, 每个变电所容量 S_{Tk} 平均（最小）值应为

$$\min(S_{Tk}) = \frac{1}{n} \sum_{k=1}^{n} S_{Tk} = \frac{1}{n} \sum_{k=1}^{n} P_k \qquad (5-1)$$

众所周知, P_k 是波动的, 设 P_k 最大值为 P_{maxk}, 不计再生反馈时

$$0 \leqslant P_k \leqslant P_{maxk}$$

由于各 P_{maxk} 不可能同时达到最大, 故同相贯通时, 各变电所容量应满足

$$\sum_{k=1}^{n} S_{Tk} \leqslant \sum_{k=1}^{n} P_{maxk} \qquad (5-2)$$

这说明: 同相贯通供电变电所的容量比分区供电变电所容量来得小。

当某一牵引变电所故障时, 应退出运行, 及时维修。退出的情形可等效为控制这一牵引变电所馈线电流为 0 的情形, 此时, 该牵引变电所的负荷潮流由相邻及其他正常运行的变电所担当。修复后牵引变电所的投入过程仍如图 5-3 所示, 当馈线电压大小、相位与运行中的牵引网电

压相同时，即可并车投入。

全交—直—交型同相贯通供电系统变电所及设备的备用问题有待进一步讨论，不过，上述系统中的各牵引变电所可认为是工作备用关系。

全交—直—交型同相贯通供电系统的巨大优势是不对电力系统产生（国家标准不允许的）干扰，而牵引网的电压、潮流可以自行调整，并通过优化牵引负荷潮流可以将同相贯通供电系统的牵引变电所的容量降到最低，从而大大节约投资成本，提高系统经济性，但是不容否认，牵引变电所所需的三相/单相交—直—交变流器的容量仍然是巨大的，如式（5-1）所示，不会小于牵引负荷的总和，而构成交—直—交变流器的电力电子（如 IGBT、IGCT）器件的单价虽然已大幅下降，但仍然是昂贵的，因此，这种同相贯通供电系统的应用将受到铁路投资承受能力的考验。

下面重点讨论可以进一步降低最昂贵的交—直—交变流器容量进而增强经济性的同相供电技术与实现方案。

5.3 牵引变电所组合式同相供电技术

按照同相供电的定义，实施同相供电的牵引变电所就等效于无负序或有一定负序允许量的三相/单相变换器。牵引变电所组合式同相供电是指借助牵引变压器并辅以补偿措施的无负序或有一定负序允许量的三相/单相变换器。

概括说来，牵引变电所采用 YNd11 接线、三相—两相平衡接线、Vv 接线、Vx 接线、单相接线等各种牵引变压器都可以实现组合式同相供电。针对高速铁路，当认为功率因数为 1 时可知：如果完全补偿负序，则三相—两相平衡接线的补偿容量最小且等于牵引负荷功率。有两种实现方式：其一为无功补偿方式，可以是无源的，如第 4 章介绍的 SVC（Static Var Compensator），也可以是有源的，用 IGBT、IGCT 实现，如

SVG（Static Var Generator，也称 STATCOM），以 Scott 接线平衡变压器为例，如图 5-4 所示，其中绕组匝数 $n_1 = n_2$，类似于日本的不等边 Scott 接线；其二为有功补偿模式，是有源的，即使用同相补偿装置与牵引变电所的平衡接线变压器相配合，如图 5-5 所示。同相补偿装置（亦称潮流控制器 PFC）由交—直—交变流器 ADA 及匹配变压器组成。当功率因数为 1 时，同相补偿装置提供牵引负荷功率一半的有功功率，则可完全消除负序。交—直—交变流器也可被视为两台背靠背的单相 SVG，其 SVG 容量之和同样等于牵引负荷功率。即是说，补偿全部负序所需的最小无功容量和最小有功容量是相等的。

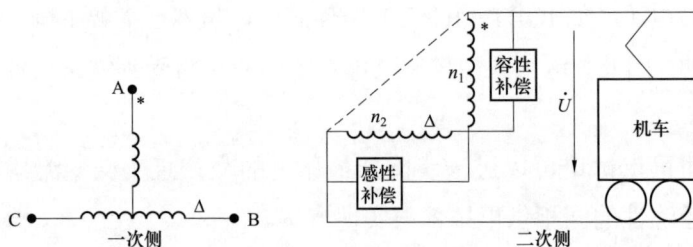

图 5-4　平衡接线变压器实现的最优无功补偿

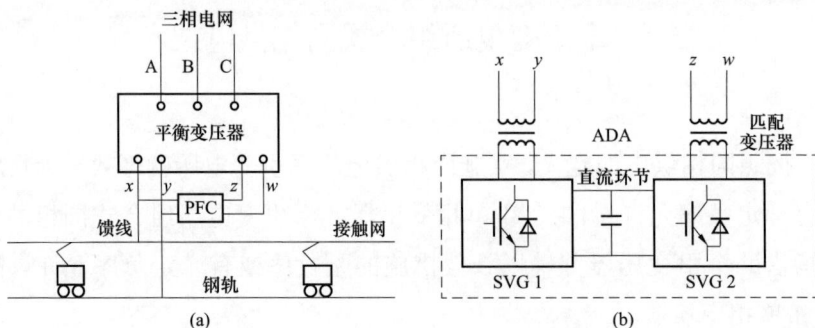

图 5-5　有功补偿实现的最优补偿
（a）平衡接线变压器与同相补偿装置；（b）同相补偿装置

应该注意到：

（1）无功补偿往往还要额外占有牵引变压器（如上面的平衡变压器，Vv 接线变压器等）的容量，相反地，有功补偿不仅不会额外占有牵引变压器的容量，还会分担牵引变压器的负荷，进而减少牵引变压器的容量，提高系统效率；

（2）相关标准规定了电力系统允许一定量的负序功率流通；

（3）平衡接线变压器补偿负序在技术上是最有效的，经济上是最节省补偿容量的。

因此，组合式同相供电将围绕三相—两相平衡接线原理展开。

5.3.1 同相供电现场试验

科技部在"十一五"国家科技支撑计划重点项目"电力电子关键器件及重大装备研制"中设置"电气化铁路同相供电装置"课题（2007.10～2010.10），主要目的为研制适合高速铁路的同相供电系统核心设备——同相供电装置。

经广泛调研并报请铁道部批准，在成（都）昆（明）线眉山牵引变电所实施电气化铁路同相供电装置落地工程。

眉山牵引变电所采用了云南变压器厂生产的阻抗匹配平衡牵引变压器，是三相—两相平衡接线，其原理如图 5-6 所示。

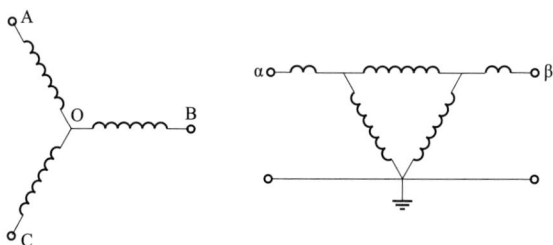

图 5-6　阻抗匹配平衡变压器原理

眉山牵引变电所牵引变压器基本参数如下：

（1）接线方式：阻抗匹配平衡牵引变压器；

（2）型号：SF2-QY-10000/110；

（3）额定容量：10MVA；

（4）额定电压：110kV/27.5kV（高压/低压）。

眉山牵引变电所同相供电装置示范工程原理如图 5-7 所示。同相供电装置由匹配变压器和电压源型交—直—交变流器（也称为潮流控制器，PFC）组成，实现α端口与β端口之间的有功功率传递，理想情况下其大小等于牵引负荷有功功率之一半，可使负序为零，同时在牵引馈线侧，PFC 还补偿牵引端口的感性无功功率、提高功率因数、稳定母线电压，滤除负荷电流中的高次谐波。匹配变压器实现交—直—交变流器与牵引网电压的匹配。

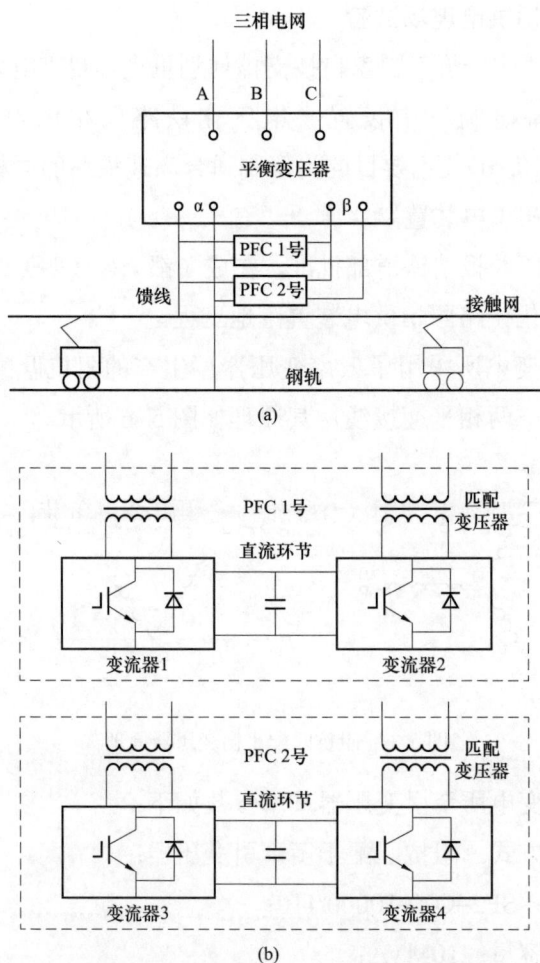

(a)

(b)

图 5-7　眉山牵引变电所同相供电原理

　　根据支撑计划任务书安排，图 5-7 所示同相供电方案中，同相供电装置共两套，每套为 5MVA。上层协调控制器主要控制两套同相供电装置工作方式和协调运行，同时具有监测功能。

牵引负荷处于牵引工况时，牵引变压器β端口仅输出有功功率，分别通过 1 号和 2 号同相供电装置流入接触网，为运行列车供电。该有功功率为该牵引变电所供电范围内所有牵引负荷有功功率的 1/2。同时，1号同相供电装置和 2 号同相供电装置负载侧变流器为牵引负荷提供无功补偿，使功率因数达到目标值。此时由该牵引变电所供电范围内全部采用α相电压供电，即取消了牵引变电所出口处电分相，实现了同相供电；同时牵引变压器α端口和β端口仅输出有功功率，且大小相等，牵引变压器高压侧三相对称，实现对负序的完美补偿。

牵引负荷处于再生制动工况时，有功功率流向相反，其余与牵引负荷处于牵引工况时相同。

同相供电装置主要具备以下两种控制模式：

（1）有功功率流通控制（P 控制）。测出牵引负荷的有功功率，利用有功功率流通控制使牵引变压器二次侧两端口的有功功率相等。有功功率流通控制与无功功率补偿控制相互独立。

（2）无功功率补偿控制（Q 控制）。测出牵引负荷的无功功率，利用无功功率补偿控制功能进行无功功率补偿，使牵引变压器二次侧的无功功率为零。无功功率补偿控制与有功功率流通控制相互独立。

眉山牵引变电所同相供电工程完成后外景如图 5-8 所示。

图 5-8　眉山牵引变电所同相供电工程外景

眉山牵引变电所同相供电装置主要包括两套背靠背变流器系统和四台配套匹配变压器，分别如图 5-9 和图 5-10 所示。

图 5-9　眉山牵引变电所同相供电装置背靠背变流器系统

图 5-10　眉山牵引变电所同相供电装置匹配变压器

图 5-11　同相供电工程保护控制设备

另外，眉山牵引变电所同相供电工程关键设备还有保护控制设备，如图 5-11 所示。

眉山牵引变电所同相供电装置于 2010 年 10 月 28 日投入试运行。完成了同相状态下的投入退出试验、空载试验、无功试验、有功试验，综合补偿等试验。试验结果表明，该装置效果较好，达到设计目标。现以实测数据说明同相供电装置对负序和无功的补偿作用。

图 5-12 所示为牵引变压器系统侧电流不平衡度曲线。横坐标 11.66～15.17 为同相供电装置投入时段，此时段内电压不平衡度最大值为 0.5%，95%概率大值为 0.28%，比未投入期间（最大值 1.06%，95%概率大值 0.63%）有很大改善。图 5-13 所示为同相供电装置投入前后牵引负荷瞬时功率因数曲线。

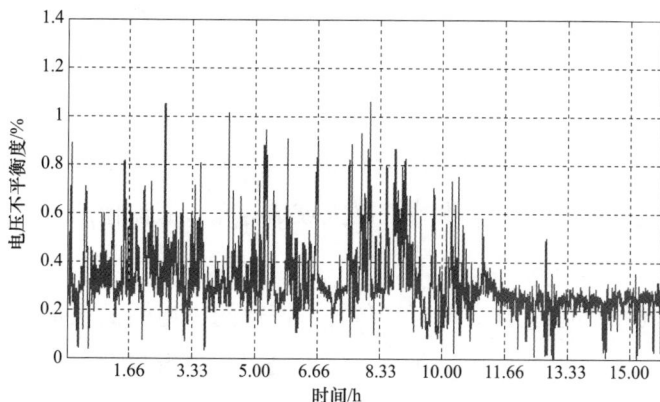

图 5-12　同相供电装置对负序的补偿效果

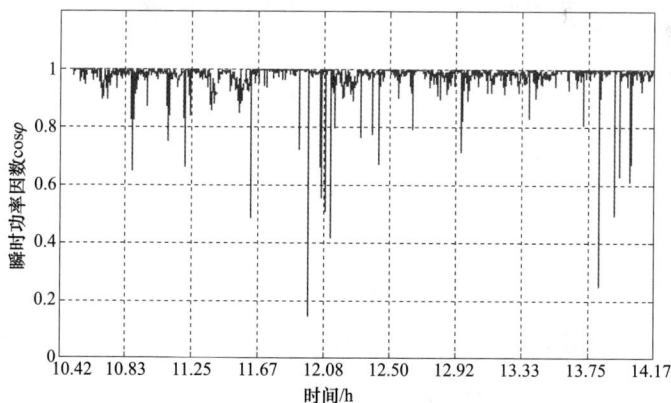

图 5-13　同相供电装置投入后牵引负荷瞬时功率因数曲线

表 5-1 给出了统计时段牵引负荷平均功率因数和同相供电装置投入后的平均功率因数。可以看出同相供电装置投入后的功率因数接近 1，同相供电装置对牵引负荷无功的补偿效果较好。

表 5–1　　　　　　统计时段牵引负荷平均功率因数和同相供电
装置投入后的平均功率因数

牵引负荷平均功率因数	同相供电装置投入后的平均功率因数
0.79	0.98

试验表明，同相供电系统技术方案具有明显优势，具体如下：

（1）采用同相供电装置，将原有牵引变电所的两相变换为一相，取消了牵引变电所出口处的电分相，由此可将全线的电分相的个数减少一半，可大大提高列车运行的技术速度，提高线路通过能力，增加运力，节省牵引变电所处地面自动过分相装置投资和维护费用。尤其对于减少高速铁路速度损失、防止重载铁路大坡道停车、避免枢纽设置复杂的电分相具有重要意义。

（2）同相供电装置实现有功传递，使得两供电臂的负荷在三相电力系统的分配更加对称，满足相关标准的要求，使得日益突出的负序问题得到解决。除负序外，同相供电装置尚可实现无功、谐波的综合治理（牵引和再生工况均可），减少对外部电源的影响，提高牵引供电系统对外部电源的适应性。

（3）提高牵引变压器容量利用率。对于已有线路的同相供电改造，可显著提高牵引变电所的供电能力；对于新建线路，则减少牵引变压器的安装容量，节省可观的固定电费。由于牵引变压器利用率的提高，可降低牵引变压器安装容量 1～2 个容量等级，节约电力资源和运行费用。

（4）可进一步增强牵引供电系统的节能效果。实施同相供电后，牵引变电所的两供电臂合并，更有利于其中运行的多组列车牵引与再生电能的相互利用，减少从电力系统的取电，大大增加节能效果。

（5）高度的可扩展性。如实现电压补偿、在线防冰融冰，保障牵引供电系统和列车良好运行。

综上所述，同相供电技术不仅可从根本上解决电分相和电能质量问题，还可带来提高供电能力、保障运输能力、提高系统可靠性等多方面效益。

5.3.2 组合式同相供电

上述眉山试验方案存在一定的局限性，主要表现在以下几方面：

（1）牵引变压器与同相供电装置在结构上相互捆绑。

（2）同相补偿装置退出时影响正常供电与行车。

（3）牵引变压器与同相供电装置在容量上相互捆绑。

（4）一次性投资大、成本高。

为了克服眉山方案存在的局限性，提出了两种组合式同相供电方案，即单三相组合式同相供电方案（如图5-14所示）和单相组合式同相供电方案（如图5-15所示），使牵引供电和同相补偿在结构上相互独立，在功能上相互组合，根据外部电源和牵引负荷实际，在相关电能质量指标（主要是负序指标）满足相关标准要求的约束条件下，实现同相补偿装置容量最小化，从而达到技术经济兼优的目标。

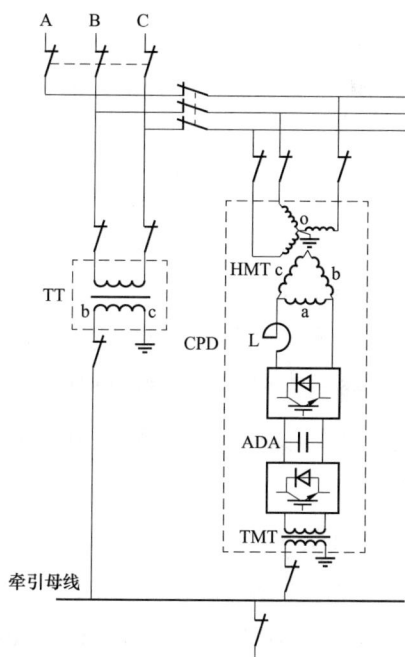

图 5-14　单三相组合式同相供电方案示意

组合式同相供电变电所由牵引变压器 TT、同相补偿装置 CPD 组成，其中同相补偿装置 CPD 包括高压匹配变压器 HMT、交—直—交变流器 ADA、牵引匹配变压器 TMT 以及交流电抗器 L 等。牵引变压器采用单相牵引变压器。单三相组合式方案中，高压匹配变压器为 YNd11 接线，与单相牵引变压器构成三相—两相平衡接线，其中连接交—直—交变流器的端口与牵引变压器

A
B
C

T1   T0

HMT

a

ADA

TMT

TT

b   c

CPD

牵引母线

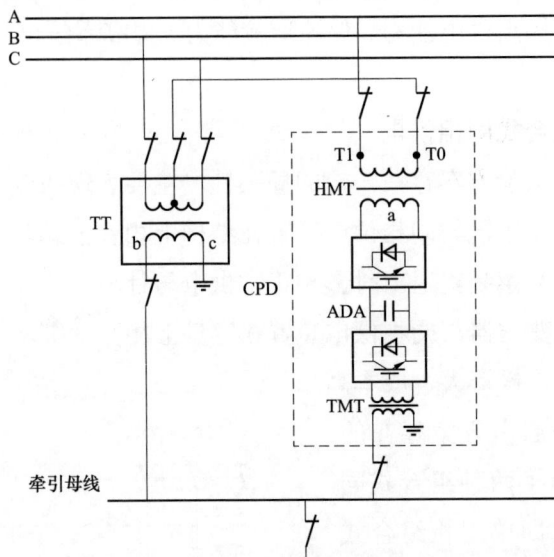

图 5–15　单相组合式同相供电方案示意

牵引端口的电压相位差为 90°。单相组合式方案中，单相的高压匹配变压器与牵引变压器构成平衡接线，形成不等边 Scott 连接组，同样形成 90° 电压相位差。交—直—交变流器输出端连接牵引匹配变压器一次侧，产生与牵引变压器相同相位和频率的电压；牵引变压器二次侧绕组和牵引匹配变压器二次侧绕组的电压幅值及相位相同且均与牵引母线相接。

比较图 5–7 与图 5–14 或图 5–15 可见，组合式同相供电方案省却了一级匹配变压器，这不仅节约投资，减少占地，还可提高系统效率。新发展起来的 MMC（modular multilevel converter）技术可以使交—直—交变流器直挂于牵引母线，则可进一步省却牵引匹配变压器。

（1）牵引变压器和同相补偿装置的容量计算。

设牵引负荷功率为 s（MVA），通过牵引变压器的为 s_T（MVA），通过同相补偿装置的为 s_C（MVA），则

$$s = s_T + s_C \tag{5–3}$$

由于高压匹配变压器与单相牵引变压器构成平衡接线，可知负序功

166

率 s^- 为

$$s^- = s_T - s_C \qquad (5-4)$$

式（5-3）说明同相补偿装置可以分担牵引负荷，对供电能力"做加法"，式（5-4）说明同相补偿装置可以对牵引负荷的负序"做减法"，减少剩余负序。

三相电压不平衡度 u_ε 可用负序功率 s^- 与连接处的电力系统短路容量 s_d 的比值描述，即

$$u_\varepsilon = \frac{s^-}{s_d} \times 100\% \qquad (5-5)$$

换言之，若已知三相电压不平衡度限值 u_ε（%）和系统短路容量 s_d（MVA），则对应的负序功率允许值 s_ε 为

$$s_\varepsilon = u_\varepsilon \frac{s_d}{100} \qquad (5-6)$$

结合式（5-2），组合式同相供电方案中牵引负荷通过牵引变压器和同相补偿装置后应满足式（5-4）规定的允许值，则

$$s_\varepsilon = s^- = s_T - s_C \qquad (5-7)$$

联立式（5-7）和式（5-3）得

$$\begin{bmatrix} s_\varepsilon \\ s \end{bmatrix} = \begin{bmatrix} 1 & -1 \\ 1 & 1 \end{bmatrix} \begin{bmatrix} s_T \\ s_C \end{bmatrix}$$

解出 s_T、s_C 得

$$\begin{bmatrix} s_T \\ s_C \end{bmatrix} = \frac{1}{2} \begin{bmatrix} 1 & 1 \\ -1 & 1 \end{bmatrix} \begin{bmatrix} s_\varepsilon \\ s \end{bmatrix} \qquad (5-8)$$

式（5-8）表明通过同相补偿装置的功率 s_C 取决于负荷功率 s 与负序功率允许值 s_ε 的差值，式（5-6）表明负序功率允许值 s_ε 与短路容量成正比，可见，在同样的牵引负荷条件下，电力系统越强大，通过同相补偿装置的功率 s_C 就越小。负序相量关系如图5-16所示。

显然，组合式同相供电的负序补偿量 s_C^- 为补偿前后负序功率之

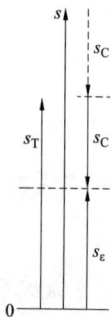

图 5-16　组合式
同相供电负序相量

差，即

$$s_C^- = s - s^-$$

将式（5-3）和式（5-4）代入得

$$s_C^- = 2s_C \qquad (5-9)$$

即：组合式同相供电的负序补偿量是通过其同相补偿装置功率的 2 倍。

（2）设计方法与步骤。

步骤 1：由供电计算得牵引负荷过程 $s_L(t)$，提取与 GB/T 15543 规定值（95%概率大值，或最大值）对应的负荷功率 s；根据规定的三相电压不平衡度限值 u_ε（%）和系统短路容量 s_d（MVA），按式（5-6）计算负序功率允许值 s_ε。

步骤 2：若 $s_\varepsilon \geqslant s$，则由式（5-8）知，通过同相补偿装置的功率 $s_C \leqslant 0$，即不需要加装同相补偿装置，只用单相牵引变压器即可，它产生的三相电压不平衡度满足 GB/T 15543 要求，令 $s_C = 0$，由式（5-3）得牵引变压器计算容量 $s_T = s$，转至步骤 5；若 $s_\varepsilon < s$，则通过同相补偿装置的功率 $s_C > 0$，即需要加装同相补偿装置。

步骤 3：由式（5-8）得牵引变压器计算容量 s_T 和同相补偿装置计算容量 s_C。

步骤 4：根据同相补偿装置的过负荷能力计算其安装容量 S_C。同相补偿装置的过负荷能力取决于其中的交—直—交变流器的过负荷能力，通常较小，可认为 $S_C = s_C$。

步骤 5：根据牵引变压器的过负荷能力计算其安装容量 S_T。牵引变压器的过负荷能力应由其负荷过程对应的温升过程与寿命损失来计算，为简单起见，一般由过负荷倍数 k_T 表示，即由与 GB/T 15543 规定值（95%概率大值，或最大值）对应的牵引变压器计算容量 s_T 与牵引变压器额定容量的比值表示。变压器过负荷倍数 k_T（$\geqslant 1$）一般是给定的，则 $S_T = s_T / k_T$。

步骤 6：给出结果，结束。

[例**5-1**] GB/T 15543 规定的三相电压不平衡度限值（95%概率大值）u_ε=2（%），系统短路容量 s_d=1500（MVA），由式（5-6）得负序功率允许值 s_ε=30MVA；从牵引负荷过程 $s_L(t)$ 提取出的与 GB/T 15543 规定值（95%概率大值）对应的负荷功率 s =50MVA；由式（5-8）得牵引变压器计算容量 s_T=40MVA，同相补偿装置计算容量 s_C=10MVA；若牵引变压器的过负荷倍数 k_T=2，则牵引变压器安装容量 S_T=40/2=20MVA，可选 20MVA 标准容量的单相牵引变压器；同相补偿装置过负荷倍数 k_C 为 1，则同相补偿装置安装容量 S_C = s_C=10MVA。该同相变电所的单相牵引变压器选 20MVA，同相补偿装置选 10MVA，根据式（5-9）可知，最大负序补偿量为 20MVA。

[例**5-2**] GB/T 15543 规定的三相电压不平衡度限值（95%概率大值）u_ε=2%，系统短路容量 s_d=4000MVA，由式（5-6）得负序功率允许值 s_ε=80MVA；从牵引负荷过程 $s_L(t)$ 提取出的与 GB/T 15543 规定值（95%概率大值）对应的负荷功率 s =120MVA；由式（5-8）得牵引变压器计算容量 s_T=100MVA，同相补偿装置计算容量 s_C =20MVA；若牵引变压器的过负荷倍数 k_T=2，则牵引变压器安装容量 S_T=100/2=50MVA，可选 50MVA 标准容量的单相牵引变压器；同相补偿装置过负荷倍数 k_C 为 1，则同相补偿装置安装容量 S_C = s_C =20MVA。该同相变电所的单相牵引变压器选 50MVA，同相补偿装置选 20MVA，根据式（5-9）知，最大负序补偿量为 40MVA。

同相补偿装置中的高压匹配变压器和牵引匹配变压器在电路上与交—直—交变流器是串联关系，有相同的负荷过程，但其过负荷能力优于交—直—交变流器，安装容量应小于交—直—交变流器。

[例**5-3**] 国家科技支撑计划支持的"电气化铁路同相供电装置"眉山落地方案如图 5-7 所示，由既有变电所改造而来，原有的两个供电臂容量相同，如果用图 5-15 所示的组合式同相供电技术实现，由于牵引变压器计算容量 s_T 等于同相补偿装置计算容量 s_C，由式（5-8）知，这等同于负序功率允许值 s_ε =0 的情形，对应 [例 5-1]，同相补偿

装置安装容量 $S_C = s_C$ =25MVA；对应［例5-2］$S_C = s_C$ =60MVA。可见，也正如前面所述，眉山落地方案的同相补偿装置容量大，投资大，并且在故障或修复期间，牵引变压器供电能力减半，将影响正常运行。

再来看5.2节的全交—直—交型同相贯通供电，其牵引变电所由三相降压变压器和三相/单相交—直—交变流器组成，其中交—直—交变流器像这里的同相补偿装置一样过载能力小，为满足较大负荷的需求，其容量就要大大增加，如［例5-1］中，组合式同相供电的同相补偿装置容量为10MVA，而全交—直—交型同相贯通供电的交—直—交变流器容量将为50MVA，［例5-2］中同相补偿装置容量为20MVA，而全交—直—交型同相贯通供电的变电所交—直—交变流器容量将为120MVA。由于交—直—交变流器单价高，加之容量大，成本之巨，可见一斑。

组合式同相供电技术实现了国家标准规定的负序功率允许值、同相补偿装置与单相牵引变压器的最佳组合，性价比成倍提高，并且在同相补偿装置故障修复期间，可以利用单相牵引变压器的短期过载能力而使系统继续正常工作。

组合式同相供电中，同相补偿装置的直流储能环节同样可以连接其他发电能源，方便铁路利用或自行参与绿色能源发电。

需要说明的是，由式（5-8）和图5-16尚可看出，同相补偿装置可按以下两种基本方式运行：

方式1：当负荷功率不大于同相补偿装置容量的2倍时，牵引变压器和同相补偿装置分别供给负荷功率的1/2，此时负序电流得以完全补偿，由此引起的三相电压不平衡度为零；当负荷功率大于同相补偿装置容量的2倍时，同相补偿装置按其额定容量供给，其余部分由牵引变压器供给，此时将产生剩余负序功率，但对应的三相电压不平衡度满足国家标准的要求。

方式2：同相补偿装置平时处于热备用状态，通过功率为0，只有当负荷功率 s 接近负序功率允许值 s_g 时，同相补偿装置才开始运行，此时它和牵引变压器分别供给负荷功率 s 与负序功率允许值 s_ε 差值的 1/2，由此保证超额的负序功率得以补偿，三相电压不平衡度保持在国家标准规定值的范围内。

当然，同相补偿装置还可以在这两种基本运行方式之间灵活运行。总之，同相补偿装置的运行方式将直接影响它本身和牵引变压器的负荷过程，也在一定程度上影响安装容量的选择，但在治理负序达到国家标准要求的目标上是等值的。

单相组合式同相供电方案中，单相高压匹配变压器易于与单相牵引变压器共箱制造，可节省占地，更适合于新线建设。单三相组合式同相供电方案更适于 Vv 接线或 Vx 接线牵引变电所的改造，即保留 Vv 接线或 Vx 接线中的一台单相牵引变压器，增加 YNd11 接线的高压匹配变压器和交—直—交变流器等构成的同相供电装置，实现同相供电。两种组合式同相供电特点比较见表 5-2。

表 5-2　　　　　　　　　　　两种组合式同相供电特点比较

项目	单三相组合式同相供电	单相组合式同相供电
适用场合	既有线改造、新线建设	新线建设
负序电压	可控，保证满足负序国家标准的要求	可控，保证满足负序国家标准的要求
优点	(1) 高压侧有中性点，可大电流接地； (2) YNd11 接线可提供三相对称电源	(1) 容量利用率高； (2) 单相牵引变压器和单相高压匹配变压器共箱布置，集成度高，占地少
缺点	YNd11 接线变压器容量利用率稍低	高压侧无中性点，不可大电流接地

（3）山西中南通道组合式同相供电应用实例。

根据《中国铁路总公司关于组织开展高速、重载综合试验的通知》（铁总科技〔2013〕89 号），为进一步增强铁路自主创新能力，提高我国铁路重载技术装备水平，选择山西中南部铁路通道长子南—平顺段开展重载综合试验，其中在沙峪牵引变电所供电范围内开展单三相组合式同相供电技术试验，试验方案，如图 5-17 所示。

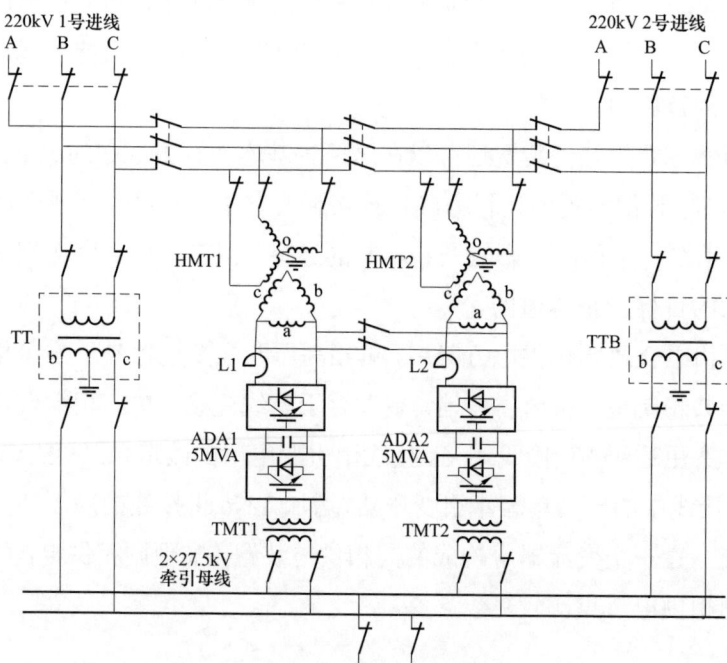

图 5-17 试验方案示意

单三相组合式同相供电变电所主要包括两台单相牵引变压器（TT、TTB 一主一备）和两套同相补偿装置（CPD、CPDB 一主一备）。其中，每套同相补偿装置 CPD 包括高压匹配变压器 HMT、交流电抗器 L、同相补偿变流器 ADA 以及牵引匹配变压器 TMT。

高压匹配变压器 HMT 为三相降压变压器，抽取三相系统电压中的与单相牵引变压器所用的线电压相位相互垂直的相电压，并将其转变为适于交—直—交变流器工作的电压等级。同相补偿变流器 ADA 为由 IGBT 构成的可四象限运行的单相交—直—交变流器，能完成有功功率的双向传输以及单侧的无功、谐波补偿等功能。交流电抗器 L 配合同相补偿变流器 ADA 一起工作，在变流的过程中起平滑电流的作用。牵引匹配变压器 TMT 为单相多绕组升压变压器，将电压升成与牵引母线电压匹配的等级。

同相补偿交—直—交变流器 ADA 运行时由上层协调控制器检测系

172

统电压电流状态及电能质量指标,经预定的控制策略生成指令电流并传给交—直—交变流器的控制板,由交—直—交变流器产生与指令电流相符的实际输出电流,从而实现牵引负荷的供电和负序电流的补偿。必要时同相补偿装置还可提供牵引负荷所需的无功功率和谐波补偿电流。试验中采用如图5-18所示的主接线。

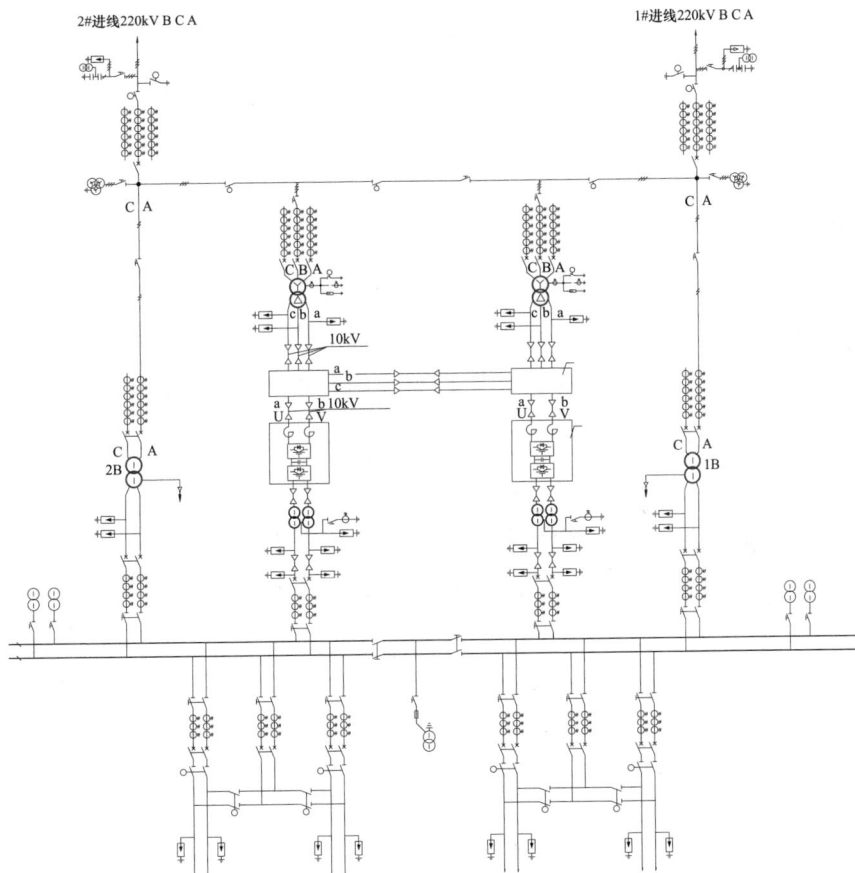

图5-18 沙峪变电所主接线

牵引变电所采用两路独立的220kV三相电源,220kV进线采用线路变压器组,在进线电动隔离开关外侧设置计费及保护用的电压互感器和避雷器,在进线断路器外侧设置电流互感器。

设置两台 50MVA 的单相牵引变压器 TT，一台运行，一台固定备用。

2×27.5kV 侧采用单母线隔离开关分段的接线型式，馈线断路器采用固定备用方式。

在 220kV 侧母线与 2×27.5kV 侧母线间设置两套同相供电装置，一主一备。考虑到运行的可靠性和灵活性，在两套同相供电装置的 10kV 侧设置跨条。

因为 220kV、10kV 均设有跨条，也可采用牵引变压器 TT 与同相补偿装置 CPD、高压匹配变压器 HMT 与补偿变流器 ADA 等的交叉组合运行方式，所以试验方案设置灵活，有多种运行方式，这些运行方式按补偿能力可分为三种：

（1）无负序补偿能力。牵引变电所牵引变压器单独运行方式，即同相补偿装置退出时的方式，对系统的负序影响较大，适用于系统容量足够大的场合。同相补偿装置设有备用，不考虑两套同相补偿装置同时故障情形，因此这种运行方式仅用于对比测试和试验，在运行中不长期采用。

（2）有 10MVA 负序治理能力。这种运行方式为变电所的正常运行方式，即投入一台牵引变压器与一套同相补偿装置，构成组合式同相供电系统，此时牵引变压器、同相补偿装置一主一备。牵引变压器 TT 或同相补偿装置 CPD 任意一个设备需检修或故障退出，则投入备用牵引变压器 TTB 和备用同相补偿装置 CPDB 的设备组合。在形成 1 套同相补偿装置时还考虑高压匹配变压器与补偿变流器的交叉组合。

（3）有 20MVA 负序治理能力。这种运行方式能提供更强的负序治理功能，即在正常的组合式同相供电基础上，将备用的 1 套同相补偿装置也投入。适用于负荷电流大、需提供更大负序补偿能力的场合。

沙峪牵引变电所处电分相的结构如图 5-19 所示。

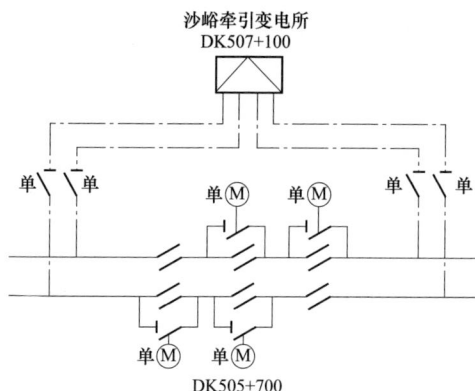

沙峪牵引变电所
DK507+100

DK505+700

图 5-19　沙峪牵引变电所处电分相结构

正常情况下采用单三相组合式同相供电，牵引变电所出口处电分相两台开关远动控制闭合，使电分相按电分段方式运行。

测试和试验情况下，变电所为单相供电，电分相仍按电分段方式运行。

若两相邻牵引变电所的供电臂为同一相位，越区供电时牵引变电所出口处电分相仍可按电分段方式运行。

在眉山方案取得成果的基础上，沙峪单三相组合式同相供电应用方案还具有以下特点和优势：

（1）最大程度减少价格昂贵的同相补偿装置中交—直—交变流器的容量及其所占牵引变电所总供电容量的比重，有效减少同相供变电装置的一次性投资，寿命周期成本可与地面自动过分相装置相比拟。

（2）这种牵引变压器和同相补偿装置的新式组合提高了牵引变电所同相方案的适应性和灵活性。

（3）在同相补偿装置的电源侧，高压匹配变压器 HMT 采用了220kV/10kV 的电压变换，10kV 直接输入交—直—交变流器。相比眉山方案 110kV（或 220kV）/27.5kV 和 27.5kV/1.5kV 的变换过程，减少了一级降压，提高了运行效率，降低了装置成本。

（4）在同相补偿装置的交—直—交变流环节，采用模块级、单元级等备用方式，在可靠性和经济性之间可取得最佳的平衡。

（5）可进一步提高牵引变电所的供电资源与设备利用率，减少相关一次投资和固定容量收费。

（6）单三相组合式同相供电方案中采用 YNd11 接线的高压匹配变压器，根据系统运行方式，可大电流接地。

（7）除了适于直接供电方式的牵引变电所和牵引网外，也可用于 AT 供电方式。

5.4 双边供电技术

从上面的分析可知，在牵引变电所采用同相供电技术可以取消其出口处的电分相，如果进一步实施双边供电，则可以取消在分区所的电分相，从而实现在同一电力系统内电气化铁路的全线无分相的同相贯通供电。

双边供电并不陌生，苏联一直沿用至今。如图 5-20 所示，双边供电就是用分区所 SP_k 中的断路器将相邻的牵引网 TN_k 和 TN_{k+1} 联通，则相邻的牵引变电所 SS_k 和 SS_{k+1} 对牵引网 TN_k 和 TN_{k+1} 构成双边供电。新的双边供电方案是在牵引变电所 SS_k 的牵引馈线串接电抗器 L_k，在牵引变电所 SS_{k+1} 的牵引馈线串接电抗器 L_{k+1}，牵引变电所 SS_k 用单相牵引变压器 TT_k，牵引变电所 SS_{k+1} 用单相牵引变压器 TT_{k+1}，分别在公共连接点 PCC_k 和 PCC_{k+1} 处接入电力系统输电线 ABC。

电力系统与牵引变电所的电气连接方式称为外部供电方式，它取决于电力系统结构以及其与牵引变电所的相对位置等因素。一般说来，有环形单回路、环形双回路、单电源双回路、放射式等方式。图 5-20 所示的是环形单回路、环形双回路、单电源双回路供电方式的一种简化示意，比较多见、典型，可称为单回路 T 接方式。

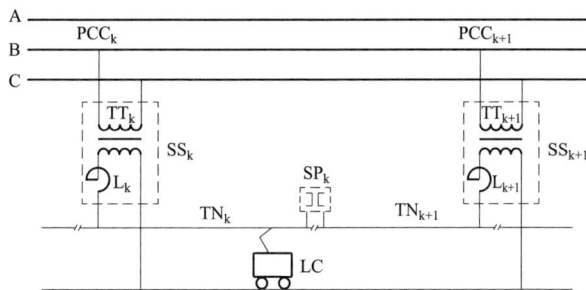

图 5-20 双边供电新方案示意

（1）等效电路。

对应图 5-20，归算到电力系统侧的双边供电等效电路如图 5-21 所示。图中，Z_d 为输电线 A、B、C 相的相阻抗，即 $Z_A = Z_B = Z_C = Z_d$，Z_{Jk}、Z_{Jk+1} 为进线阻抗，Z'_{Tk}、Z'_{Tk+1} 为归算到电力系统侧的单相牵引变压器阻抗，Z'_q 为归算到电力系统侧的牵引网阻抗，X'_{Lk}、X'_{Lk+1} 为归算到电力系统侧的串接电抗器电抗，LC 为电力机车。

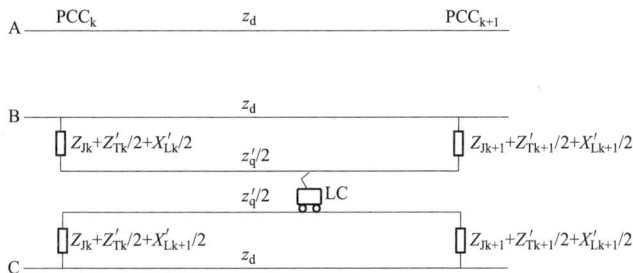

图 5-21 双边供电系统新方案三相等效电路

（2）均衡电流。

图 5-22 所示为均衡电流示意。从图 5-21 可得牵引供电系统归算到电力系统的输电线 B（C）相的等效电路，用 Z_d、Z_q 分别表示电力系统输电线与牵引供电系统（包括进线阻抗）的归算阻抗，设传输电流为 I，通过电力系统输电线的电流为 I_d，通过牵引供电系统的电流为 I_q，则均衡电流便是牵引供电系统与电力系统输电线并联而在牵引供电系统中产生的附加电流 I_q。

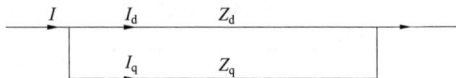

图 5-22 均衡电流示意

由图 5-22 可知

$$I_q Z_q = Z_d I_d \tag{5-10}$$

设阻抗比 η 为归算到统一电压下的牵引供电系统阻抗与电力系统输电线阻抗之比，即

$$\eta = \left| \frac{Z_q}{Z_d} \right| \tag{5-11}$$

则均衡电流的大小可由其与电力系统输电线电流的比值来表达，将该比值称为均衡电流相对值，结合式（5-10）、式（5-11）有

$$\left| \frac{I_q}{I_d} \right| = \left| \frac{Z_d}{Z_q} \right| = \frac{1}{\eta} \tag{5-12}$$

即是说，均衡电流相对值是阻抗比 η 的倒数，与牵引供电系统阻抗成反比，与电力系统输电线阻抗成正比。设 Z_d 为两牵引变电所间输电线的相阻抗，$Z_{Jk} = Z_{Jk+1} = Z_J$ 为进线阻抗，$Z_{Tk} = Z_{Tk+1} = Z_T$ 为牵引侧的牵引变压器漏抗，$X_{Lk} = X_{Lk+1} = X_L$ 为牵引侧的串接电抗器电抗，Z_q 为牵引网阻抗，则

$$\eta = \left| \frac{2Z_J + \left(Z_T + X_L + \frac{1}{2} Z_q \right) k_T^2}{Z_d} \right| \tag{5-13}$$

式中　k_T——牵引变压器变比（电力系统进线的线电压/牵引母线的额定电压）。

假设电力系统 220kV 输电线在 PCC_k 和 PCC_{k+1} 之间的长度为 50km，公共连接点 PCC_k（PCC_{k+1}）到牵引变电所 SS_k（SS_{k+1}）的输电线长度为 10km。220kV 输电线采用二分裂导线时单位长阻抗取 $z_0 = 0.05 + j0.33$（Ω/km）；牵引变压器 TT_k 和 TT_{k+1} 均为单相变压器，额定容量均

为31.5MVA（即牵引侧额定电流为1145A），短路阻抗（漏抗）均为10.5%，即归算到牵引侧的漏抗 $Z_T = 0.2134 + j2.52$（Ω）；相邻牵引变电所距离50km；直供方式牵引网空载电压为 27.5kV；单线铁路、单链型悬挂牵引网阻抗取 $z = 0.232 + j0.515$（Ω/km）。设串接电抗器 L_k 和 L_{k+1} 的电抗值是牵引变压器漏抗的 k 倍，即 $X_L = kX_T$（k 为非负数）。k 与 η 部分对应关系列于表5–3。

表 5–3 k 与 η 对 应 关 系

k	0	1	2	3	3.92
η	64	73	82	91	100

从表 5–3 可见：未串接电抗器（$k=0$）时，对于直供方式的双边供电，若电力系统输电线采用 220kV 二分裂导线，阻抗比 $\eta=64$，即均衡电流相对值达 1/64，换言之，流经牵引网形成的穿越功率与电力系统输电线的传输功率之比为 1:64。可见，未串接电抗器时，双边供电均衡电流较大，穿越功率较大，会造成牵引供电设备容量浪费和电力系统电能计量问题。但更有甚者，苏联为了提高牵引网电压水平，还在牵引馈线中采用串联电容补偿（SCC），其均衡电流（穿越功率）更大。

进一步考虑串接电抗器（$k>0$）情形，若要求均衡电流不大于1%，即阻抗比 $\eta \geqslant 100$，电力系统 220kV 输电线为二分裂导线时，$k \geqslant 3.92$，即串接电抗器的电抗值至少应取 3.92 倍的牵引变压器漏抗，串接电抗器的容量约 13MVA；若制成高漏抗牵引变压器，则其短路阻抗为 51.66%。可见，串接电抗器可以有效减小双边供电的均衡电流。

另外，从式（5–13）可知：相对牵引供电系统，电力系统电压等级越高（电力系统进线对牵引母线的变比 k_T 越大），双边供电的均衡电流（穿越功率）就越小。

（3）电压损失。

当功率因数为 $\cos\varphi$ 的负荷 $\dot{I}$ 通过阻抗 $Z = R + jX$ 产生的电压损失 ΔU 为阻抗 Z 首端电压与末端电压的模值的算术差，其表达式为

$$\Delta U = U_1 + I(R\cos\varphi + X\sin\varphi) - \sqrt{U_1^2 - \left[I(R\sin\varphi - X\cos\varphi)\right]^2}$$

（5-14）

$$X = X_T + X_L = (1+k)X_T$$

式中　U_1——牵引母线电压，取 27.5kV；

　　　R——牵引变压器的电阻；

　　　X_T——牵引变压器漏抗；

　　　X_L——串接电抗器电抗；

　　　k——非负数。

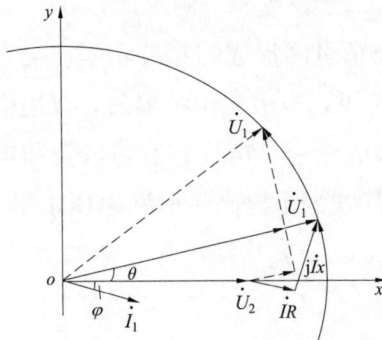

图 5-23　电压损失矢量

以高铁为例，如前所述，牵引变压器为单相变压器，短路阻抗（漏抗）为 10.5%，额定容量为 31.5MVA，交—直—交列车的牵引负荷功率因数 $\cos\varphi_0$=0.993（滞后，即 $\varphi_0 = 6.78°$，$\sin\varphi_0$=0.118），由式（5-14）求得的电压损失随串接电抗器大小的变化情况列于表 5-4。电压损失矢量图如图 5-23 所示。

表 5-4　　　　　　　　　电压损失

k	ΔU（V）
0	730
1	1522
2	2633
3	4095
3.92	5790

从表 5–3 与表 5–4 可见，串接 $k=3.92$ 倍牵引变压器漏抗的电抗器使阻抗比 $\eta=100$ 之后，即可满足均衡电流不大于 1% 之要求，但同时牵引母线电压损失由 730V 增加到了 5790V，为了保持良好的电压水平，就需要改变牵引负荷功率因数，或者调整列车交—直—交主电路，或者采用可调并联无功发生装置（如 SVG），或者联合进行。

仍以电力系统 220kV 二分裂输电线和牵引供电系统采用直供 27.5kV 双边供电的情形为例加以说明，其中要求均衡电流不大于 1%，取阻抗比 $\eta=100$。

设计目标 1：以高铁功率因数 $\cos\varphi_0 = 0.993$（滞后）额定工况的牵引变电所电压损失 $\Delta U_0 = 730V$ 作为允许值。

设计目标 2：借鉴普速铁路功率因数 $\cos\varphi_0 = 0.8$（滞后）额定工况牵引变电所电压损失 $\Delta U_0 = 2012V$ 作为高铁允许值。即

$$\begin{cases} \eta \geqslant 100 \\ \Delta U \leqslant \Delta U_0 \end{cases} \quad (5\text{–}15)$$

其中，η 由式（5–13）给出，ΔU 由式（5–14）给出。

设计目标和计算结果汇于表 5–5 中，其中 $\cos\varphi_c$、φ_c 分别表示满足式（5–15）的功率因数和功率因数角。

表 5–5 设 计 目 标 与 结 果

指标	$\Delta U_0 = 730V$	$\Delta U_0 = 2012V$
η	100	100
k	3.92	3.92
φ_c	−13.29°（超前）	−8.53°（超前）
$\cos\varphi_c$	0.973（超前）	0.989（超前）
$\sin\varphi_c$	−0.230（超前）	−0.148（超前）

由表 5–5 可见：在 220kV 电力系统输电线采用二分裂导线且牵引供电系统直供 27.5kV 双边供电方式时，串接电抗器的电抗值取 3.92 倍牵引变压器漏抗就可使均衡电流不大于 1%；同时，改变负荷功率因数

0.993（滞后）为 0.973（超前），则额定负荷下牵引变电所就不会产生高于原功率因数 0.993（滞后）对应的电压损失 730V，此时，改变后负荷中的容性无功功率占 23.0%，这是极其严苛的。同时，改变负荷功率因数 0.993（滞后）为 0.989（超前），则额定负荷下牵引变电所就不会产生高于普速铁路交直负荷功率因数 0.8（滞后）额定工况下对应的电压损失 2012V，此时，改变后负荷中的容性无功功率大大减小，只占 14.8%，更容易实现。

为了进一步地减少占地，可将牵引变压器与串接电抗器合并制造成结构更为紧凑的高漏抗变压器。高漏抗变压器的漏抗值（X_k）=原牵引变压器的漏抗值（$X_{T,k}$）+电抗器的电抗值（$X_{L,k}$），在上面的设计中，高漏抗变压器的短路阻抗为 51.66%。

与单边供电相比，双边供电电压水平高，供电能力大，功率损失小，但缺点是存在均衡电流（穿越功率）。研究双边供电的目的是取消分区所的分相、减小均衡电流。分析表明，在牵引馈线串接电抗器并通过改变负荷功率因数可以有效地抑制均衡电流、减少或消除串接电抗器产生的额外电压损失，确保电压水平和供电能力。

在牵引变电所馈线串接电抗器还可使牵引网的牵引负荷按新的阻抗比例在各个牵引变电所中分配，进而提高牵引变压器负荷率，同时可以降低牵引网短路电流，减轻短路电流对牵引变压器、断路器等元件的冲击，有利于断路器的选型和切断故障，提高工作可靠性。

双边供电的短路故障可以分解为单边故障，也可用下面讨论的方法解决。

经分析得出的主要结论有：

（1）就一般的 220kV 和 110kV 输电线而言，不采取措施时，双边供电产生的均衡电流较大，穿越功率大，不能忽略，一般不被允许。给牵引供电系统供电的电力系统电压等级越高（电力系统进线对牵引母线的变比越大），双边供电产生的均衡电流就越小，反之则相反。

（2）牵引变电所由 220kV 电力系统输电线给直供牵引变电所供电时，通过串接电抗器易于满足均衡电流不大于 1%的要求，也易于制成高漏抗牵引变压器，而牵引变电所由 110kV 电力系统输电线给直供牵引变电所供电时，通过串联电抗器则难于满足均衡电流不大于 1%的要求。

（3）牵引馈线串接电抗器并通过改变负荷功率因数，可以有效地抑制均衡电流、减少或消除串接电抗器产生的额外电压损失，确保电压水平和供电能力。

双边供电新方案除了适于直接供电的牵引变电所和牵引网外，也可用于 AT 供电的牵引变电所及其牵引网，技术可靠，易于实施。

电气化铁路的双边供电类似于电力系统配电网的合环运行，应结合电力系统与铁路实际进一步研究。

可以展望，整合牵引变电所的组合式同相供电技术和牵引网双边供电新方案，可以用最小的经济投入和最好的可靠性在同一电力系统内实现电气化铁路无分相的同相供电。

参 考 文 献

[1] 曹建猷. 我国铁路电气化的途径. 人民日报, 1956.11.26.

[2] 韩祯祥. 电力系统分析 [M]. 杭州：浙江大学出版社, 1993.

[3] 曹建猷著. 电气化铁路供电系统 [M]. 北京：中国铁道出版社, 1983.

[4] 康·古·马克瓦尔特著, 袁则富, 何其光译.电气化铁路供电 [M].成都：西南交通大学出版社, 1989：141–145.

[5] 李群湛著. 电气化铁路并联综合补偿及其应用[M]. 北京：中国铁道出版社, 1993.

[6] 李群湛著. 牵引变电所供电分析及综合补偿技术 [M]. 北京：中国铁道出版社, 2006.

[7] 李群湛, 连级三, 高仕斌编著. 高速铁路电气化工程 [M]. 成都：西南交通大学出版社, 2006.

[8] 李群湛. 电气化铁道谐波问题的思考 [J]. 铁道学报, 1999, 21（5）.

[9] 李群湛, 贺建闽, 解绍锋著. 电气化铁路电能质量分析与控制 [M]. 成都：西南交通大学出版社, 2011.

[10] 李群湛, 贺建闽. 牵引供电系统分析 [M]. 成都：西南交通大学出版社, 2007.

[11] 李群湛. 我国高速铁路牵引供电发展的若干关键技术问题 [J]. 铁道学报, 32（4）, 2010.

[12] 李群湛, 张进思, 贺威俊. 适于重载电力牵引的新型供电系统的研究 [J]. 铁道学报, 10（4）, 1988.

[13] 贺威俊, 高仕斌. 轨道交通牵引供变电技术 [M]. 成都：西南交通大学出版社, 2011.

[14] 铁道部电气化工程局电气化勘测设计院. 电气化铁路设计手册：牵引供电系统 [M]. 北京：中国铁道出版社, 1988：272–290.

[15] 连级三主编. 电力牵引控制系统 [M]. 北京：中国铁道出版社, 1994.

[16] 胡铭, 陈珩. 电能质量及其分析方法综述 [J]. 电网技术, Vol.24, No.2, 2000.

[17] 肖湘宁，徐勇海. 电能质量问题剖析［J］. 电网技术，Vol.25，No.3，2001.

[18] 李世林，刘军成. 电能质量国家标准应用手册［M］. 北京：中国标准出版社，2007.

[19] 张炜. 电力系统分析［M］. 北京：中国水利水电出版社，1999.

[20] 于松伟，杨兴山，韩连祥，张巍. 城市轨道交通供电系统设计原理与应用［M］.
成都：西南交通大学出版社，2008.

[21] 王兆安，杨君，刘进军. 谐波抑制和无功功率补偿［M］. 北京：机械工业出版社，
1998.

[22] 刘志东. 神朔电铁加装 SVC 补偿装置后计量问题的研究［J］. 西北电力技术，6，
2005.

[23] 李汝军. 京沪铁路三界牵引变电所 SVC 补偿优化控制［J］. 科技资讯，6，2005.

[24] 杨志军，陶临生，曲尚开. 永嘉堡牵引变电所无功补偿改造方案［J］. 电气化铁
路，1，2004.

[25] 黄足平，姜齐荣. 京沪铁路南翔牵引变电所有源无源混合补偿. 第十五届粤、京、
港、沪铁道学会学术年会第八届世界轨道交通发展研究会年会［C］. 2011（10）：
617–623.

[26] 解绍锋，李群湛，等. 同相供电系统对称补偿装置控制策略研究［J］. 铁道学报，
2002，24（2）：100–113.

[27] 缪耀珊. AT 供电方式牵引变电所主要变压器的接线型式［J］. 电气化铁路动态，
1980，（6）：1–5.

[28] 李群湛，等. 交流电气化铁路 AT 供电牵引网电气分析［J］. 西南交通大学学报，
2012，47（1）：1–6.

[29] 吴利仁，郭欲平，易运军，等. AT 供电方式用单相牵引变压器的研制［J］. 电
气化铁路，1998（4）：9–10.

[30] 马庆安等. 三种 AT 供电模式的比较［J］. 铁道学报，2012，34（3）：35–39.

[31] GB/T 14549—1993 电能质量　公用电网谐波. 北京：国家质量技术监督局，1993.

[32] GB/T 15543—2008 电能质量　三相电压不平衡. 北京：国家质量监督检验检疫总
局，2008.

[33] GB 1402 铁道干线电力牵引交流电压. 北京：中国标准出版社，1998.

[34] TB/T 2799—1997 电气化铁路谐波电压畸变率计算条件和方法.铁道部行业标准, 1998.

[35] 谐波国家标准起草工作组. 电能质量公用电网谐波 GB/T 14549—1993 编制说明. 1992.

[36] 林海雪. 关于电气化铁路的谐波标准. 北京：电力部科学研究院，1992.

[37] 林海雪. 电压电流频率和电能质量国家标准应用手册［M］. 北京：中国电力出版社，2001.

[38] 李群湛. 关于电气化铁路的负序影响与限制问题的研究. 铁道学报. 1994，16（4）.

[39] 林海雪. 论电能质量标准. 中国电力，1999（3）：7–10.

[40] 林海雪. 公用电网谐波国标中的几个问题. 电网技术. 2003（1）：67–70.

[41] 林海雪，周胜军. 电气化铁路的谐波标准问题. 中国电力. 1999，32（9）.

[42] 赵乾钊，李群湛. 世界各国电气化铁路谐波限值标准述评. 电气化铁路. 1994（4）：5–7.

[43] 铁道部. 铁道部、电力部关于电气化铁路谐波规定的协议建议稿. 1996.

[44] 贺建闽，黄治清. 谐波国标在电气化铁路的实践与认识. 电气化铁路. 2004（4）.

[45] 贺建闽，黄治清. 关于谐波治理可行性的认识. 电气化铁路. 2003（2）.

[46] 贺建闽，黄治清. 电压质量问题分析. 电气化铁路. 2002（3）.

[47] 吴命利. 牵引变电所采用 220kV 进线的优越性. 铁道学报. 2001，23（3）：114–116.

[48] 于增，肖志强. 铁路电气化供电电源电压等级的选择. 铁道标准设计. 2002，（2）：38–39.

[49] 吴俊勇. 京津城际轨道交通工程外部电源方案的建议. 电气化铁路. 2006（2）：34–37.

[50] 高宏. 电气化铁路外部电源有关问题的探讨. 铁路电气化 2 万公里会议论文集. 2005.

[51] 李群湛. 试论电气化铁路的电能质量问题. 铁道部电能质量会议论文集. 2006.

[52] 郭锴，李群湛，等，电能质量国家标准对电网和用户的要求刍议. 铁道部电能质量会议论文集. 2006.

[53] 李群湛. 论新一代牵引供电系统及其关键技术［J］. 西南交通大学学报，2014，

49（4）：559–568.

[54] 解绍锋. 电气化铁道谐波过程分析与推荐限值制定思路研究［D］. 西南交通大学，2004.

[55] 张丽艳. 新建电气化铁路对电网电能质量影响的预测与对策分析研究［D］. 西南交通大学，2012.

[56] 周福林. 同相供电系统结构与控制策略研究［D］. 西南交通大学，2012.

[57] 汤向华. 110kV 及以下电网合环保护整定［J］. 农村电气化，2006，27（9）：28–30.

[58] 王卫，高琨. 北京电网合环问题分析［J］. 东北水利水电，2010，（12）：58–61.

[59] 郭尽朝. 同相供电技术在神朔铁路的应用前景研究 Research on Power–supply Technology Applying on Shenshuo Railwey［J］. 机车电传动，2013，（4）：47–50.

[60] 新井浩一. Balancing circuit for single phase load with scalene Scott connection transformer［J］. Research Information of Railway Technology，1980，37（6）：23–28.

[61] GB/Z 17625.4—2000，电磁兼容限值 中、高压电力系统中畸变负荷发射限值的评估［S］. 国家技术监督局，北京，2000.

[62] IEC/TR 61000-3-6 EMC Part 3: Limits-Assessment of emission limits for the connection of distorting installations to MV, HV and EHV power systems［S］. Basic EMC publication, 2008-02.

[63] 张秀峰. 高速铁路同相 AT 牵引供电系统研究［D］. 西南交通大学，2006.

[64] 曾国宏. 基于三/单相平衡变换的铁道新型牵引供电系统研究[D] 北京交通大学，2002.